英语思维与跨文化交际能力探索

邓军莉◎著

吉林出版集团股份有限公司
全国百佳图书出版单位

图书在版编目（CIP）数据

英语思维与跨文化交际能力探索 / 邓军莉著. -- 长春：吉林出版集团股份有限公司，2022.9
ISBN 978-7-5731-2530-9

Ⅰ.①英… Ⅱ.①邓… Ⅲ.①英语—教学研究—高等学校 Ⅳ.① H319.3

中国版本图书馆 CIP 数据核字 (2022) 第 183217 号

英语思维与跨文化交际能力探索
YINGYU SIWEI YU KUA WENHUA JIAOJI NENGLI TANSUO

著　者	邓军莉
责任编辑	息　望
封面设计	李　伟
开　本	710mm×1000mm　1/16
字　数	200 千
印　张	11
版　次	2023 年 3 月第 1 版
印　次	2023 年 3 月第 1 次印刷
印　刷	天津和萱印刷有限公司
出　版	吉林出版集团股份有限公司
发　行	吉林出版集团股份有限公司
地　址	吉林省长春市福祉大路 5788 号
邮　编	130000
电　话	0431-81629968
邮　箱	11915286@qq.com
书　号	ISBN 978-7-5731-2530-9
定　价	66.00 元

版权所有　翻印必究

前 言

随着国际一体化进程的不断加快,在如今多元化文化背景下,在大学英语传统教学模式中,应试教育理念已经无法满足当今时代人才所需,教师更多地侧重于培养学生的语言能力,但是对英语教学背后的跨文化交际理论延伸有所忽视。所以近年来,许多大学英语教师逐渐开始重视跨文化交际理论,结合我国大学生英语学习的跨文化交际理论体系不完善,以及对西方文化知识了解不足等现实情况,逐步展开对文化、语言、交际这三方面内容之间的关系研究。此外,还探讨了如何妥善处理英语教学与跨文化交际两者之间的联系,以及怎样在大学英语课堂教学中引入跨文化交际理论相关问题,旨在对大学英语教学现状做出创新指引,并在教学中渗透跨文化交际,提升学生在学习中的跨文化交流意识。学习英语离不开英语思维的培养,因此在英语思维视域下进行英语教学也是当前大学英语教学的热点问题。

本书共分为五章:第一章大学英语教学概况部分,对大学英语教学的发展趋势及大学英语教学的现状进行了分析叙述,阐述了大学英语知识教学和技能教学面临的问题;第二章为大学英语教学的理论基础相关内容,对大学英语教学的目标与原则进行阐述,并详述了大学英语科学教学的理论基础;第三章节着重分析了大学英语课堂中英语思维能力的培养,包括英语思维的发展概述、英语教学中思维能力的培养,以及在思维能力培养视域下的英语教学改革;第四章主要分析了大学英语课堂中跨文化交际能力的培养,首先对跨文化交际能力进行了概述,其次阐述如何在文化自信视域下进行英语教学,最后说明了跨文化交际影响下英语教学的路径;在最后一章,则对新时代大学英语教学的创新展开了分析探讨,包括跨文化思维的构建与"渗透式"交际模式的创新、信息化背景下英语教学的创新发展、大学英语跨文化体系构建的创新与发展三方面内容,其中具体的跨文化体系包括认知体系、情感体系和行为体系等。

  作者在撰写本书的过程中,得到了许多专家学者的帮助和指导,参考了大量的学术文献,在此表示真诚的感谢。本书内容系统全面,论述条理清晰、深入浅出,但由于作者水平有限,书中难免会有疏漏之处,希望广大同行及时指正。

邓军莉
2022 年 2 月

目录

第一章　大学英语教学概况 …………………………………………………… 1
　　第一节　大学英语教学的发展趋势 ……………………………………… 1
　　第二节　大学英语教学的现状分析 ……………………………………… 7

第二章　大学英语教学的理论基础 …………………………………………… 16
　　第一节　大学英语教学的目标与原则 …………………………………… 16
　　第二节　大学英语教学的理论与实践 …………………………………… 21

第三章　大学英语课堂中英语思维能力的培养 ……………………………… 57
　　第一节　英语思维的发展概述 …………………………………………… 57
　　第二节　英语教学中思维能力的培养 …………………………………… 66
　　第三节　思维能力培养视域下的英语教学改革 ………………………… 76

第四章　大学英语课堂中跨文化交际能力的培养 …………………………… 83
　　第一节　跨文化交际能力的概述 ………………………………………… 83
　　第二节　文化自信视域下的大学英语教学 ……………………………… 93
　　第三节　跨文化交际影响下大学英语教学的路径 ……………………… 99

第五章　新时代大学英语教学的创新……116
　第一节　跨文化思维的构建与"渗透式"交际模式的创新……116
　第二节　信息化背景下英语教学的创新发展……129
　第三节　大学英语跨文化体系构建的创新与发展……132

参考文献……167

第一章 大学英语教学概况

英语作为在校大学生的一门必修课程，在我国大学的教育体系中所占据的重要地位是毋庸置疑的。随着国际交流的不断增加，英语人才已经成为各大企业争夺的目标。本章介绍大学英语教学概况，针对大学英语教学的发展历程与趋势进行了阐述，同时分析了大学英语教学的现状。

第一节 大学英语教学的发展趋势

一、学术英语和通用、通识英语的发展侧重

大学英语教学作为外语教育的一种，在我国的高等教育课程体系中占有重要的地位。无论是从教育本质，还是从教育发展趋势的角度看，我国的外语教育都是以通识英语教学作为主要的教学内容，而将学术英语教学作为辅助。其中通识教育是指在现代的多元化社会中，将提供给受教育者通行于不同人群之间的价值观与知识作为教学目标的教育。通识英语教学是将英语语言作为媒介进行基础语言知识和应用能力培养的通识教学。而学术英语的概念则是指在接受高等教育后，为获取学士、硕士和博士学位所需掌握的英语语言技能。学术英语又被分为通用学术英语和专门学术英语，学术英语包含的训练内容有学术英语阅读训练、学术英语演讲训练、学术英语听力训练和学术英语写作训练及学术英语专门词汇的学习等，涵盖了听、说、读、写的全部语言学习内容。因此，二者都是必不可少的，将重点放在培养学生跨文化交际能力、对外交流能力和学生人文素养的通识英语教学上，最终使得学生在接受西方文化的同时可以更好地传播我国的文化，成为一个"应知应会"的高等人才。

语言是不同国家、不同民族间交流的工具，同时也是承载各自文化和精神的重要载体。各民族的语言从本质上看是一个民族用来认识和阐述世界的符号体系、

意义体系和价值体系。语言能够反映不同民族的文化精神、道德意识、价值观念、哲学思想、宗教信仰和认知方式等。语言具有工具性与人文性的特点，英语作为语言的一种也具有工具性和人文性的特点。《大学英语课程教学要求》指出："大学英语课程不仅是一门语言基础课程，也是拓宽知识、了解世界文化的素质教育课程，兼有工具性和人文性。"

其中，工具性是指英语教学对学生语言交际能力的培养功能，这里包括生活上的交际、商务上的交际及学术上的交际；人文性则凸显了人的价值，核心是以人为本，所以英语教学的人文性便是以促进学生心智健康发展为前提，培养学生的跨文化交际能力和人文素养。因此，大学英语教学作为外语教育的重要组成部分，应当体现外语教育的本质属性，追求工具性与人文性的统一。

一方面，大学英语教学应注重巩固学生的英语知识基础，培养学生的英语实际交际能力。通用英语的教学是实现教学目标的主要手段，其主要侧重于英语语言知识的传授和英语应用能力的培养。学术英语的交际能力的培养有赖于学术英语教学，但是即便是学术英语讲座都很少受到高校学生的青睐，更不用说做英语方面的研究与写英语相关的论文了。因此，学术英语可以作为选修课开设，以满足少数学生，尤其是研究生提高学术英语能力的需要。

另一方面，大学英语教学的目的不仅是教授学生英语语言的基础知识，还应该为学生介绍英语国家的文化、哲学、地理、历史及政治知识，让学生能够对西方国家人民的价值观、人生观等各种观念有一个全方位的了解与认识，这有助于增进学生对不同历史语境下的文化传统、思维方式及人文精神的体会，最终提升学生的人文素养与跨文化能力。而通用英语与通识英语的教学是实现这些目标的关键。

未来大学英语的教学应该侧重于培养学生的综合英语素质，要注重对学生的全面培养，努力提升学生的综合品质与素质，包括学生待人处事的能力、交流的技巧、学习的意志、坚韧的品格等。在本科的高年级与研究生阶段还应该根据实际需要开设学术英语的写作课程，向这些学生传授英语学术论文的写作技巧与相关语言特征，开展大量的写作训练，以提高学生英语学术论文的写作能力。

高等教育随着发展逐渐出现国际化的趋势，世界各国的高等学校都开始重视跨国的交流与合作，不断共享并利用国际优质的教育资源与学术资源，高等教育国际化发展的核心在于培养人才，培养具有国际竞争力、跨文化素养、人文精神与科学素养的人才，国际竞争力是在经济、文化与科技等领域参与国际竞争与合作的能力；而跨文化素养则是具备跨文化交流的能力并且具有国际意识和全球观念，对国际惯例有所了解，精通国际礼仪等规范，最终转化为参与国际交流合作的素养。我国的国家政策与此一致。《国家中长期教育改革和发展规划纲要（2010—2020年）》明确指出，要"培养大批具有国际视野、通晓国际规则、能够参与国际事务和国际竞争的国际化人才"。

这里的国际化人才一般具有下列特点：

第一，精通国外的语言，了解国外的文化和传统，具有较强的跨文化意识及国际交流合作能力。

第二，对国际规则较为熟悉，拥有良好的国际化管理水平与运作能力。

第三，具有全球观念与国际意识。

通用英语和通识英语教学的实施正是这些国际化人才形成跨文化意识、人文素养和外语能力特征的最主要原因。因此，我国要想在国际化趋势下站稳脚跟，培养更多、更好的国际化人才，就需要不断提升对通用英语和通识英语的重视程度，拓宽这一培养学生跨文化能力与国际交际水平的途径。英语语言知识是通用英语中最主要的内容，也存在其自身特点，例如：词汇的搭配、语义等词汇特点；句子的不同句型的特点，如祈使句、陈述句和疑问句，或是简单句与复合句；还包括主句与从句等语句特点。教师可以分析通用英语的这些特征并进行相关知识的讲解，除了语言知识，还可以通过大量的练习来提高学生英语的写作与口语能力。与通用英语注重的语言知识本身不同，通识英语更加注重英语国家文化的教学，例如，历史文化、文学渊源、宗教信仰、传统习俗、哲学等，最终使学生获得坚实的人文知识基础，为提升学生跨文化素养做准备。

自21世纪开始，我国的高等教育界慢慢达成了这样一个共识，那便是过分强调专业的教育会导致严重的功利主义和过度专业化的倾向，这些弊端不利于高校学生的全面发展，因此要拓宽专业的口径、实行通识教育、培养学生的人文素养。当前的不少高校都已经将通识教育作为学校培养人才的重要理念，在办学时会开设通识教育的相关课程。通识教育相比专业教育对职业能力的侧重，更加重视学生作为人和公民的素养教育，其注重知识的全面性与普遍性，促进学生全面和谐发展，达到知行统一，使人文与科学素养不断提升。学校开设的通识英语课程会将西方的文化、文明、文学作品等引入课堂，师生一同进行鉴赏与学习。高校的通识与通用英语教学可以引导学生的跨文化交际能力、人文素养及心智全面发展。

一方面，通识英语与通用英语课程可以同时培养学生的英语语言知识与应用能力，还可以增强学生的跨文化和人文素养。通识英语课堂所鉴赏的都是国外知名的文学作品，其中涉及了西方的历史、哲学等文化知识，蕴含了其民族在特定时期的意识形态与传统，是人文因子的集中体现。

另一方面，通识英语与通用英语课程还可以促进学生心智全面发展。英语学科的教育使学生通过英语对世界进行进一步认识，同时了解了不同国家的文化。语言的训练是对智力的进一步开发，这也是学生追求的目标之一。社会文化理论将人类从事的活动分为了心理活动与物理活动，前者是人类对周围世界及自我进行认识和理解的活动，后者则是人类对生存的物质世界进行改造的活动，无论是哪种活动，人类都需要借助工具来实现，与之对照的就是精神工具和物质工具。文中所涉及的语言便是一种非常重要的精神工具，人类可以借助语言进行沟通表达、记忆、学习等一系列的高级心理活动。对外语的学习相当于使学生掌握了更多的精神工具，可以帮助其从认识周围世界到进一步对自身进行认知。

具体来说，由于通过外语媒介构建的知识体系与母语所承载的知识体系之间存在差异，导致外语学习过程中形成的认知能力将不同于母语所形成的认知能力。例如，学习涉及国家政府机构的英语词汇需要重建有关国家机构的知识。不同语言的语义结构或语义概念系统存在不同程度的差异，外语学习可以为学习者提供一个新的视角去理解世界，丰富其概念系统，提高其分析能力和认知水平。相关实证研究表明，学习两种以上语言的人比只学习一种语言的人具有更强的思维能力和思维敏捷性。学习第二语言会增加大脑左半球语言区域的灰质密度，从而提高思维的敏感性。往往双语儿童比单语儿童更擅长解释数字，因此双语儿童比单语儿童更擅长解决包含误导性信息的问题。

我国高等教育的国际化趋势和通识教育因为外语教育的人文性与工具性而受到更广泛的关注，因此未来我国高校英语教学也会采用以通识、通用英语为主，以学术英语教学为辅的方式。

二、大学英语教学的具体发展趋势

具体而言，大学英语教学的发展趋势有以下五点：

（一）学生主体性地位提升

学生主体性地位的提升是大学英语教学的发展趋势。21世纪将学习作为时代的主题，在这样一个知识经济的时代，学习的主体——大学生，在大学英语课程教学中的主体性地位不断得到强化。在传统的英语教学模式下，教师采用单向性教学可以帮助学生更加系统完整地建立英语学习体系，但是却不能使学生充分地理解这些知识，从而导致学生的灵活运用能力不足，这使得传统英语学习存在机械化与无效化的特点。因此，在以学生为主体的新型大学英语教学模式下，学生不仅是"学"的主体，更是"教"的主体，教师的主要作用是指导与答疑，而学生则要花费更多的精力在英语语言的实际使用中，通过更深层次的思考与尝试，不断加深对英语学习规律的总结与归纳，最终达到提升英语学习效率的目的。课程设计的科学性和生动性是教师激发学生自觉性的关键，教师可以在情境化教学设计方案中引入语言应用的模拟场景来帮助学生进行语言的思考和表达，这种方式可以极大地提升课堂效果。

（二）平衡语言性教学和文化性教学

大学英语教学的另一发展趋势是教学中的语言性教学与文化性教学的平衡发展。当前的英语教学目标由针对语言的基础知识与应试框架进行学习转向了跨文化交际语境下的英语文化和语言的双重教学。语言作为文化的载体，二者有着密不可分的联系。英语的教学内容在整个英语教学过程中应不断改进，从关注语言本身开始，逐渐向关注语言背后的文化进行拓展与转变，不仅要帮助学生进行语言基础知识的巩固，更要通过语言这一工具使学生更好地认识其他国家的文化，增强学生的跨文化交际视野，慢慢避免学生在英语交流中出现文化上的错误，减少交流障碍。英语教学还应当考虑的一点是专业英语教学的发展现状，教师应当围绕不同专业领域的文化研究，对不同专业的学生进行针对英语文化和背景的教学指导。

（三）整合线上线下的混合式教学

线上和线下进行整合的混合式教学方式将得到进一步的发展应用，这是大学英语教学的未来发展趋势之三。这一教学模式的长足进步源于互联网技术与新媒体媒介的出现，综合线下课程的教学和线上网络的自主学习是对互联网英语教学的优势资源进行的最大化利用，强调了学生在英语教学中的自主性和积极性。不仅如此，将互联网技术、手段、理念和平台混合的教学方式引入课堂，通过多媒体课件设计元素和多样化的课程设置，能进一步丰富大学英语课堂形式，使大学英语课堂教学更加生动、开放，给学生不同的感受，学生将从课本学习中得到扩展，并在实践教学中更好地消化英语知识和技能。总之，混合式教学法有助于学生释放思维，大胆尝试和创新，让学生在英语学习和应用实践过程中发现和总结自己的个性化学习模式，从而有效提高学生英语学习的效率和质量。

（四）发展个性化大学英语教学

开展个性化大学英语教学是未来大学英语教学的第四大趋势。在研究我国大学英语教学未来发展方向的过程中，应充分尊重大学生的实际教学情况，有针对性地进行大学英语教学，这是大学英语课堂教学的基本前提。具体来说，为了保证大学英语教学效果的提高，我们不仅要注意明确的教学目标和教学内容的选择，还要在课前充分传授相应的英语知识。在英语教学中，教师的英语技能是至关重要的。只有将理论知识与实际应用有机结合，学生才能真正掌握英语知识。

（五）将大学英语由理论教学转为应用教学

从理论教学向应用教学转变是大学英语教学的第五大发展趋势。在对我国大学英语教学未来发展的研究中，我们应该充分认识到大学生具备足够的基本英语素养，在教学过程中把培养大学生的英语应用能力作为教育的核心。针对这种情况，教师在英语教学开始前，应根据学生的实际情况，运用多媒体课件，合理设计和规划课程，高效利用计算机多媒体技术，以培养大学生的英语应用能力为教学核心。例如，在进行"Air Pollution Linked to Stroke Risk"这一堂课的教学过程中，教师就可以充分地锻炼大学生群体的英语应用能力。在课程设计过程中，让大学生结合自己的专业知识，就如何有效控制空气污染提出自己的观点，鼓励学生在课堂上用英语表达自己的观点，从而确保在活跃的课堂气氛中提高大学英的有效性。此外，为了保证大学英语教学对大学生应用能力的促进作用，可以进行相应的考试模式改革，保证大学生英语应用能力的团体测试，帮助大学生明确学习英语的根本目的是使用，提高大学生英语水平。

第二节　大学英语教学的现状分析

一、大学英语知识教学现状

（一）大学英语词汇教学现状

在大学英语词汇教学中，教师起着重要的指导作用，甚至在一定程度上决定着学生词汇学习的效果。为了提高我国英语教师的专业能力和教学能力，必须对词汇教学中存在的问题进行梳理和探讨。具体来说，词汇教学中存在的问题表现在以下几个方面：

1. 教学观念错误

词汇的教学中总是存在观念先行的状况，词汇教学的设计、实施与教学效果都受教学观念的直接影响。

错误的教学观念广泛存在于我国教师当中，这些教师认为学生在课堂上最应该做的是对词汇的学习与记忆，因此他们在上课时会将讲解句子和文章作为重点授课内容，从而忽视了总结所学词汇的各种用法。

这种教学观念显然是错误的，无法真正地调动起学生学习英语的兴趣，同时教师的授课方式也没有帮助学生形成行之有效的记忆词汇的方法。因此，教师要在语境中进行教学，帮助学生体会学习词汇的乐趣，调动学生积极性，而非僵硬、枯燥、单纯地教授学生记忆单词的方法，这样只会令学生厌烦这些没有联系的符号，进而厌烦学习本身。由此可见，教师的正确教学观念才是英语教学开始的第一步。

2. 教学方法单一

教学方法较为单一也是我国传统英语词汇教学的问题，传统教学过程中一般先由教师负责单词的领读，随后学生在教师的引领下进行跟读，之后教师会进行生词的讲解，并在课后为学生布置记忆背诵单词的作业。

在这种传统的词汇教学中，学生的学习是被动的，因此学生既感觉不到学习的乐趣，也无法真正学好词汇，长此以往学生的英语学习会受到很大影响。在新的教学形势下，教师应当尽可能丰富教学方法，使其不再单一无趣，要在教学中引领学生主动学习，提高学生的学习积极性，将学生作为教学的主体。

3. 缺少文化对比

语言的重要组成部分之一就是词汇，而语言又是文化的外在表现形式，所以对词汇进行教学就应该同时对词汇背后涉及的文化进行教学。但是当前我国部分英语教师在其教学过程中并不注重文化的讲解，没有文化间的对比，学生便很难透过词汇的表面意义去理解其深层内涵，这样的教学方式往往会导致学生产生误解，最终影响学生语言能力的提升。

教师要在讲解词汇的过程中融入相关文化的教学。作为词汇教学的重要组成部分，进行文化辨析可以帮助学生理解英汉两种语言中不同的文化内涵，了解文化间的异同点对于词汇的学习有着重要的影响。

4. 忽视词汇的综合运用

现如今有些教师忽略了词汇教学中针对词汇综合应用的讲解，而让学生进行词汇语言的应用正是词汇教学的最终目的。教师在英语教学过程中过分注重学生词汇的拼写能力，这会导致学生在单纯的词汇记忆上花费过多的时间和精力，这样的检测不够全面，其合格也只是暂时的，若是不能了解其文化内涵、不会综合应用，关于这些词汇的记忆迟早会随着时间的推移和使用频率的降低而消退。教师的这种错误教学方式会使得学生产生错误的词汇学习方法，脱离了语境与运用后所进行的词汇学习是效率低下的。

因此，教师应当有意识地提升整体英语教学中英语词汇运用部分的比重来改变当前的词汇教学现状。

(二) 大学英语语法教学现状

1. 教学观念陈旧

大学英语的语法教学也受到了教学观念的影响。教师如果一味地依照陈旧的教学观念进行语法教学，只会导致其在课堂上讲解的语法规则无趣且机械。在传统的英语语法教学中，教师会给学生讲解不同的例子，进而通过对例句的对比、总结与分析来说明语法的定义及相关的语法规则知识。但是教师往往只注意输出语法本身的知识而忽略了这些例句是否得体、符合语境，是否具有实际的交际意义，所以在授课环节中将语法的教学当作重复练习活动。因此，这种教学方式下传达的理念很难让学生真正体会到语法在语境中发挥的实际作用，使得学生无法准确传达所思所想。

为了改善这种状况，在英语教学过程中，教师应当重视语法的实际应用，不仅要为学生讲解语法的定义与功能，而且应该让学生学会如何在日常交际中合理地使用语法知识进行语言的组织。

2. 教学方式单调

在当前的英语语法教学中，部分教师不注重讲课的方式方法，仍然采用传统的、单调的大量做题方式来进行语法概念与规则的讲解，这种方式只会令学生感到枯燥、乏味。通过这种方式进行教学，学生就算学会了语法的概念与规则，仍然无法将其实际应用在具体的语法现象中，也无法区分相似、相近的语法现象，因此对语法知识的灵活运用也无从说起。

3. 思维能力渗透不足

思维能力培养与渗透的不足是教师在英语语法教学过程中呈现的另一个主要问题。展开来讲，思维能力培养不足体现在教师讲授语法的方式方法上，其通常是一味地讲解，只是传授语法规则，却忽略了语法知识在实际情境中的具体应用，因此这种方式便很难使学生积极思考，无法让学生的语法学习与其智力活动产生联系，也就无法培养学生的思维能力。

这种方式的英语语法培养还有一个缺点，单纯通过记忆与练习学习语法规则会让学生产生错觉，让其认为语法的学习本当如此，且与听、说、读、写等基础技能没有关系。

4. 教学缺乏系统性

学生普遍对英语语法都不陌生，许多学生都能随口说出如一般现在时、动名词、虚拟语气等语法名称，但是这并不代表他们对语法概念的认知是清晰的。相反，很少有学生能够准确、系统地回答出详细的语法知识，如英语语法中语态的种类、时态的种类及有多少词类等。

二、大学英语技能教学现状

（一）大学英语听力教学现状

1. 教学理念模糊

英语听力教学的好坏直接取决于教师教学理念明确与否。从目前的发展现状来说，我国部分英语教师的教学理念并不清晰，体现在这些教师既没有充分了解英语听力教学的基本客观规律，又不能在英语听力教学的设计上推陈出新，创造出新颖的教学设计理念。

2. 教学时间有限

英语听力教学相较于其他语言技能的教学，存在明显的时间限制，这一特点对英语听力教学有很大的影响。英语听力水平的提升建立在大量的练习之上，只有保证学生充足的练习才能使其听力水平逐步提高。由于大部分学生很少会在课下进行主动的听力练习，因此这项练习主要集中在课堂上进行，但课堂时间非常有限，教师还要传授其他的知识，因此学生实际能够进行有效听力练习的时间很少。听力这项综合性技能的提升本就需要长期练习，因此学生听力水平在这种现状下很难得到有效提升。

3. 对学生的指导把握不准

英语听力教学受到当前应试教育的影响，主要是为考试而准备。这样的教学方式使得学生无法充分理解生词的含义与文化背景，盲目地听只会让学生感到枯燥，无法激发其学习英语的兴趣，最终导致听力水平的低下。还有一些教师基于帮助学生扫清听力过程中障碍的角度考虑，在播放录音前会对学生进行引导，然而部分教师没有把握好引导的程度，有时会对学生过多引导，不仅将听力材料中的重难点提前告知学生，更在引导过程中介绍了听力材料的逻辑关系，使得学生不通过听力材料也能提前知道正确的答案。这种方式无论是在听力教学过程方面，还是在最终的听力教学目标实现方面都产生了反向作用，因此教学效果受到影响也是正常的。教师应当根据实际情况，适度、有效地引导学生进行英语听力的练习，把握好引导程度，控制好引导产生的影响。

（二）大学英语口语教学现状

1. 忽视学生的心理障碍

忽视学生的心理障碍是当前大学英语口语教学中一个亟须正视的问题。教师在英语口语教学课堂上仍采用单一的教学模式，这种教师居于主导地位的教学模式无法激发学生学习英语口语的积极性，会导致学生参与热情的降低，使得课堂练习成了走过场。与此同时，课堂上教师在面对学生错误回答时的纠错方式也不够科学，教师在学生遇到困难后会采用指责抱怨的态度进行解答，这对学生的自信心和学习英语的积极性都是极大的打击，长期处于这种学习环境下的学生不仅学习无法进步，甚至会产生严重的厌学情绪与其他心理障碍。

2. 教学观念、方法及内容陈旧

传统教学方法的机械、呆板都使得当前的英语口语教学无法成功调动学生学习的积极性，课堂的沉闷气氛会导致英语学习出现恶性循环。除了课堂教学本身，教学使用的教材也同样有老旧、落后的情况，教师在教学中缺乏改革和创新的精神。口语课堂有其特殊性，口语教学中最重要的是对口语的正确培养，相比知识，口语更像是一种技能，因此单纯在课堂上灌输语言知识而忽略相关的练习与实践是不行的，不做好基础知识的学习与口语技能的练习，学生的口语水平就不可能提高。

3. 忽视了学生的个性差异

大学生来自全国不同的地区，因此大学生的口语基础也因为不同地区的教学水平差异而不同。基于这种情况，教师机械地采取"一刀切"的教学方法没有尊重学生的客观差异，基础好的学生会拥有更多的表现与练习机会，其能力也会随之提高，相反基础差的学生因为自卑等心理，在长期的学习中口语水平可能不升反降，最终只会导致学生的差异越来越大，无论是课堂上的表现还是总体的成绩均是如此。因此，教师在面对这种情况的时候应当因材施教，根据不同学生的个体差异采取不同层次的教学方法，最终使得整个班级的英语口语水平得到整体提升。

4. 忽视英语文化背景和英语思维

母语思维和汉语文化背景会对学生使用英语口语进行交流产生较大的影响，学生的大脑会先将听到的英语句子翻译成汉语，再用汉语进行对应回答，最后将该回答翻译回英语进而用口语表达，可以看出，这种思维方式对于口语交流会产生较大的阻碍，也使得交流效率降低。不同国家和民族的人们在思维方式、生活习惯与传统的价值观念等方面都存在着差异，在彼此进行交流的过程中，若对双方的文化背景不够了解，便极易产生基于文化差异的冲突与对立。因此，大学的英语教师应当在教学过程中极力避免这一情况，对学生加强外语文化背景的培养，引导其养成外语思维，使其能顺利地完成跨文化交际。

（三）大学英语阅读教学现状

1. 教学观念陈旧

大学英语阅读教学更本质的目的是提升学生的阅读能力，使学生在阅读过程中可以有选择地分析文章的内容，对信息进行归纳总结，了解文章的观点，等等。当前大部分学校的英语阅读教学都与这一目标相距甚远，这些学校的教学还停留在词汇、语法等基础与表层阶段。很多教师更加重视传授语言知识，因此在这方面花费了大量精力，反而忽略了对学生英语阅读能力的培养，传统的阅读教学是通过讲解单词进而理解句子意思，这种教学模式只能让学生理解和记忆词汇，并不能让学生从文化及整体角度对文章进行理解，因此很难有效提升学生阅读能力。

2. 忽视了学生的主体地位

虽然现在大多数英语教师已经就将学生当作教学中心的原则达成共识，但是在实际的课堂教学中，还是有部分教师认为需要先由自己进行讲解才能帮助学生真正理解文章，因此会下意识地将自己作为课堂中心而忽略学生的主体性。尤其是在英语阅读教学中，教师的讲解会贯穿课堂始终，学生在课堂上只能被动地学习、接受语言知识和信息。在这种现状下，学生无法得到充分的时间去主动理解和消化文章，长此以往会失去自主阅读的能力。因此，教师应当贯彻以学生为主导的原则，重视学生的主体地位，除了必要的讲解，要留出更多让学生自主学习、阅读与思考的时间和空间，使学生的阅读水平得到真正提升。

3. 教学方法落后

当下大学英语阅读教学的方法仍然体现出陈旧、单一的特点。这种传统的教学方法由教师进行主导，其目标仅仅是应试，这与阅读教学所要达到的实际目的相差甚远，既无法发挥学生学习的主体性，也不能满足学生对阅读能力的实际需求，无法培养学生良好的阅读习惯，最终导致英语教学的效率低下。值得广泛重视的是，在一些教学条件落后的偏远地区，英语阅读缺乏实践与研究，为了提高英语阅读的实践性，需要引起当地教师的重视，应当多研究合理的教学方式，逐渐形成科学的英语阅读教学模式。

（四）大学英语写作教学现状

1. 批改方法缺乏有效性

当下还有许多教师沿用传统的作业批改方法，这些教师将批改重点放在基础的词汇拼写错误、语法错误、语言规范和词汇错用等内容，而针对写作文章的整体框架、文章中心内容、前后文的逻辑等方面却不做过多审阅，这样的批改方式会导致学生对文章好坏评判产生错误的认知，他们会认为一篇好的文章只需保证拼写、语法、标点等书面形式的良好，从而忽略文章真正的结构与内核，没有这些方面的反思，学生的写作水平就很难进一步提升。

2. 课程设置缺乏合理性

当前的高校师生针对英语写作教学的重视程度已经大大提升，但是在部分课程设置上仍存在问题。例如，没有开设专门的英语写作课程，使得写作教学需要占用其他英语教学的时间；在平时的英语教学课程中，教师会按照词汇的讲解、课文的讲解、听力及阅读的练习、课后作业等顺序进行授课，在这些环节全部完成后，极少可以有剩余时间进行写作的教学与练习，因此这也无形中减少了写作的学习机会。

3. 教学目标缺乏系统性

写作能力的培养需要经过一个渐进的、系统的周期，并非是一朝一夕可以练成的。因此，针对写作的教学也应该具有一定的阶段性与渐进性。当前的英语写作教学在阶段性教学和达成整体目标方面总是存在不协调甚至是脱节的情况。

英语写作教学的总体目标在英语教学大纲中有明确规定，总体目标会保持与英语写作教学客观规律，学生的心理、生理特点一致。而阶段性教学的目标则是指不同年级和学期中的具体目标和要求，是基于写作教学的总体目标来制定的。阶段性目标与总体目标在根本目标上是一致的，二者有效结合才能够使得英语写作教学顺利展开并取得理想的教学效果。目前阶段性目标与总体目标相脱离的情况严重影响了大学英语写作教学的整体质量。

（五）大学英语翻译教学现状

1. 重视程度不够

通过对我国英语教学大纲的分析，可以发现其中并没有针对学生翻译相关能力培养的具体计划与方案，翻译技能在我国大学英语教学中并不受到重视。因此，在当下，翻译教学也得不到授课教师足够的重视，导致这些教师只会采用传统方式进行教学，这种教学方式忽略了语言的内涵，仅在语言表层的形式上进行教学，只能起到巩固其他语言技能的作用，而非使学生真正掌握翻译这项技能。

教师在传统教学中往往将教材里的翻译练习当作翻译教学的附加训练，在学生尚且没有充足思考的情况下便直接给出答案，这种不经思考便让学生核对的形式展现了教师随意的教学态度，对学生翻译能力的提升收效甚微。

2. 师资力量薄弱

高水平的英语教师是培养英语翻译人才的关键。但是当前英语翻译教学的教师整体水平都不高，一些英语教师不仅翻译的基本功底不够，进行的翻译实践也较少，缺乏相关经验，进而导致其没有形成科学、规范的翻译习惯，这样的教学水平很难培养出优秀英语翻译人才。另外，还有一些英语教师在教学时会产生盲目追求速度的浮躁心态，在这样的状态下既无法有效地指导学生，也不能潜心研究英语翻译技能，这对于英语翻译人才的培养也十分不利。我国英语翻译教师还存在专业方面的问题，一些教师不是翻译专业的科班出身，而是从综合类英语学科分流而来，这些教师对翻译的基础理论、相关知识与技巧方面了解也非常有限，在展开英语翻译教学时存在着很强的局限性。许多从事英语翻译教学的教师自毕业便进入学校授课，既没有经历过社会的磨砺，也没有真正从事过翻译行业的工作，因此很难仅通过在校的学习就抓住翻译的核心要点，其翻译只存在于理论而不能结合实际的应用，这种翻译教学是表面化的。

3. 教学方法单一

部分英语翻译教学的教师在授课时的方式方法并不科学，这是因为他们没有深入全面地研究过英语翻译体系，许多的教学翻译过程都过于传统，他们首先会为学生布置翻译任务，由学生进行翻译并向教师提交译文，其次由教师进行审阅批改，最后再安排学生进行翻译实践练习，这种传统表面的教学方法不仅耗费大量的时间和精力，而且不能取得令人满意的结果。学生无法处于主动位置，只能在教师的讲授下被动地接受知识，这样无法培养学生科学合理的学习方法与学习习惯，无法令其翻译水平继续提高。

教师在英语翻译教学中不会系统地为学生讲解翻译的相关理论知识，也不会让学生全面地掌握翻译技巧，在教授的过程中主要采用翻译课文材料中重点词句的方式，将英语翻译课变成了词汇语法课。教师会在学生做完翻译练习后直接为其讲解答案，这样学生便失去了独立思考与分析自己的译文同答案之间的异同点的机会，不利于学生翻译能力的提升。

第二章　大学英语教学的理论基础

在大学英语教学中，教师的教学应建立在理论基础之上。无论是教学态度还是教学手段，都应遵循大学英语教学的目标与原则，要符合相关的规律与理论基础，要在深入了解这些影响因素的前提下寻求适当的教学方法。因此，本章就基于大学英语教学的目标、原则、理论与实践来探讨理论基础对大学英语教学的意义。

第一节　大学英语教学的目标与原则

一、大学英语教学的目标

大学英语教学的本质是跨文化交际能力的培养，在教学过程中，不仅要学习英语这种语言工具，还要深入学习所学语言相关的文化知识。耶鲁大学课程学习蓝皮书提道："语言学习一直是人文自由教育最为显著的且是决定性的特征，在 21 世纪，学习外语越来越重要，语言学习的好处包括：提高对语言的理解力，从而帮助学生更严密和精细地使用自己的语言；理解阅读外语文本，以及理解跨文化交际的障碍。外语技能和数学及定量的分析技能是通向未来学习和生活的钥匙，如果在早期不发展这些技能，学生的未来学习和生活必将受到限制。这些技能需要在大学进一步深化，如果在大学不能够使用外语技能和数学，学生将会逐渐失去这些技能。"

大学英语教学可以被视为扩大人们交流和提升中华文化软实力的重要手段之一。具有良好的外语能力、了解外国文化和习俗、积极参与国际交流的人，无疑对提升国家形象具有良好作用。《大学英语课程教学要求》提出："设计大学英语课程时也应当充分考虑对学生文化素质的培养和国际文化知识的传授。"

（一）明确文化定位

大学英语教学内容应以母语文化为基础，这是学生在跨文化交际中建立自我的基础。然而，在大学英语课堂上教授母语文化已经超出了大学英语教学的要求，大学英语教学也不能单独进行。因此，在大学英语教学中，母语文化的内容应主要集中在母语文化内容的翻译上，即如何表达母语文化的内容。同时，对母语文化和目的语文化进行比较。

大学英语教学应融入其他文化的内容。英语已被公认为世界通用语。除了以英语为母语的国家，亚洲、大洋洲、太平洋和加勒比地区的许多国家都将英语指定为官方、准官方或工作语言。以邻近中国的亚洲国家为例，英语在印度、新加坡、日本、韩国和马来西亚均被广泛使用。在当今全球化的世界发展趋势下，英语不仅被用来与以英语为母语的人交流，大学生也可以用英语与其他国家的人交流。因此，在新形势下，大学英语教学的内容必须扩大，但仅限于大学英语的课时和教材的容量，因此这部分内容可以作为选修、泛读或课外阅读内容。

目的语文化学习是大学英语教学的关键。学习目的语文化是掌握目的语的必要条件。同时，学习目的语的文化可以帮助大学生实现自己的文化认同，这也是大学生建立文化认同的一种途径。只有在深入了解目的语文化的基础上，学生才能对母语文化有更深的理解。同时，学生可以理解中国历史文化是整个世界历史文化的一部分，可以理解他们不仅是中国文化的传承者，也是传承世界文化的一员，是世界文明的延续者。他们不仅要了解孔孟的智慧，还要了解柏拉图和孟德斯鸠的思想精髓。他们不仅要了解中国几千年的历史，还要了解世界几千年的发展。这是实现外语教学目标的桥梁。目的语文化的学习不是将中国文化与西方文化对立起来，或者干脆用民族自豪感取代文化交流中的自由和现实态度，而是要让学生明白母语文化和目的语文化并不是分离和对立的。学生应该能够从不同的历史和文化中吸收营养，成为跨文化的人。了解另一种文化会给人提供一个崭新的视角，让人们能够更好地观察自己所属的文化。

（二）明确培养层次

第一层次，让学生能自如地表述自我和母语文化，具备用英语表述母语文化的能力。对西方人来说，中国人和中国的文化都是"文化上的他者"。那么，要避免西方将中国的民族文化和民族自我淹没在西方式的话语中，就必然要依靠中国人对自我文化的阐释和表述。通过大学英语教学，大学生应该能够用西方人可以理解的方式表述自我及自己的母语文化。

第二层次，让学生能够深刻理解目的语文化的深层内核，具备对目的语文化的理解能力。对学生来说，目的语文化也是"文化上的他者"，避免将目的语文化"他者化"，避免文化障碍，是大学生学习外语的主要目的之一。通过大学英语教学，大学生应该能够理解目的语文化的深层内核。

第三层次，也是终极目标，使学生成为跨文化的人。学生所具有的他者身份，可以使其有意识地与目的语文化价值观保持距离，从他者的视角来审视目的语文化。同时，学生的他者身份，也提供了一个认识自我的参照。从他者的角度看母语文化会让学生进入反思自我的旅程，学生能重新认识习以为常的社会。成为跨文化人可以使学生以他者的眼光观察母语文化和目的语文化的社会、历史、价值观等。他者的优势就是"旁观者清"，旁观者更能综观全局。通过这种对文化的观察，学生能够学会反思两种文化模式，重新审视两种文化中的社会价值观，能够更深刻和批判性地认识自我。同时，在这一过程中，学生能建立文化身份，贯通西方与东方，他者与自我。通过大学英语课程，大学生应该能够从其他的视角审视两种文化，结合两种文化，从两种文化中吸收养分。

（三）帮助学生理解英语

学生的学习过程不只是一个行为过程，还是一个心理过程，教师教学的中心仍然是学生。在这个过程中，学生是中心和关键参与者，而教师只是帮助者和使能者。但学生并不只是要学会做事，还要扩展思维并获得新的知识。知识纯粹是关于语言特征和运作的知识。但掌握英语知识也可以称为懂英语。它意味着学习有关英语的知识并学会说英语。这两种解释实际上代表了两种不同的教学模式。从第一种模式来看，学习知识只要求学生理解和记忆，而不是要求学生进行注重心理活动的练习和实践。从第二种模式来看，学生不仅要理解和记忆所学内容，还要学习实际的语言技能，并将所学知识应用到实际的语言交际中。

二、大学英语教学的基本原则

英语教学分为"教"和"学"两部分。这两部分的主体分别是教师和学生。因此，英语教学的原则也可以从这两个角度来讨论。常用的英语教学原则有以下几种：

（一）主体性原则

在课堂教学过程中，教师和学生是两个最主要的组成部分，其中教师是主导者，把知识传授给学生；学生是主体，遵循教师的思想，发挥自己的主观能动性进行学习。二者只有相互配合，才能保证教学质量。教师熟悉教学内容和学习方法，所有的教学工作都是围绕学生的需求展开的。因此，在教学过程中，教师必须以学生为中心，发挥引导作用，为学生创造学习条件，随时为学生提供帮助，调动学生的学习积极性。

教师在课堂中的主导作用主要体现在他们引导和帮助学生加速学习的过程上。在学习的过程中，学生从教师那里获得新的知识，因为每个人的能力都是不同的，所以在学习中，总是会有各种各样的情况出现。当学生遇到困难时，教师应及时给予帮助，使学生的困难得到及时解决；当学生面对困难无所适从时，教师应及时给予指导，让学生找到解决困难的办法；看到学生的学习情绪不高时，教师应及时给予鼓励，提高学生的学习积极性；看到学生愿意接受学习任务并渴望尝试时，教师应该给予更多锻炼的机会；看到学生的学习成绩有所提高时，教师应该及时提出更高的要求，让学生始终有目标，继续拼搏。

学习的主体是学生，学生本身要摆脱对教师的依赖，充分调动主观能动性；同时，教师的态度也非常重要，教师应始终把学生放在心上，在学生学习的基础上进行教学。所有的教学工作都围绕着学生的学习，这涵盖了教学过程的各个方面。在备课、授课和批改作业时，教师应考虑学生的心理和需求，关注学生的表达和反应，分析学生对情境的把握，安排和调整教学方法和步骤，以满足不同接受程度学生的需求，提高学生的整体成绩。只有以学生为中心，才能让学生明确学习意义、学习内容和学习目标，让学生看到奋斗的目标，看到已经取得的成绩，在学习的道路上勇往直前。

（二）交际性原则

英语教学的目标和人们学习英语的目的是相辅相成的，人们想学习英语，用于交际，而英语教学的目标就是培养学生的交际能力，就是使人们能够将所学的知识运用于实践，从而进行有效、得体的交际。因此，我们在英语教学中首先要贯彻交际性的原则，使学生能用所学的英语与人交流，要在教学过程中努力做到以下几点：

（1）充分认识英语课程的性质

英语课是一种技能培养型的课程，要把语言作为一种交际的工具来教、来学、来使用，而不是把教会学生一套语法规则和零碎的词语用法作为语言教学的最终目标，要使学生能用所学的语言与人交流，获取信息。

（2）创设情境，开展多种形式的丰富多彩的交际活动

语言是交际的工具，而交际总是发生于特定的情境之中。情境包括时间、地点、参与者、交际方式、谈论的题目等要素。在某一特定的情境中，讲话者所处的时间、地点及本人的身份都制约着他说话的内容、语气等。

（3）注意培养学生语言使用的得体性

英语教学的首要目标在于培养学生进行有效交际的能力。传统的英语教学只偏重语法结构的正确性，而根据交际性原则，学生要具备良好的交际能力，需要能够在适当的时间、适当的地点，以适当的方式向适当的人讲适当的话。

（4）精讲多练

英语课堂的工作不外乎讲和练两种，前者是指讲授语言知识，后者是指进行语言训练。在课堂上，适当讲授一些语言知识是必要的，可以提升学习的效果。而在语言训练的过程中则需要针对学生的具体问题给予"画龙点睛"式的点拨。

（5）注重教学内容与教学活动的真实性

语言与现实生活密切相关，教学活动的设计与教学内容的选择一定要考虑这一因素。在英语教学中，要把语言和学生所关心的话题结合起来，要给学生足够且丰富的、题材广泛的、贴近学生生活的信息材料。

（三）灵活性原则

我们都说兴趣是最好的教师，但是灵活是兴趣之源，灵活性原则是兴趣性原

则的有力保障。因此，在英语教学中必须遵循灵活性的原则。在教学方法、语言学习和语言使用方面做到灵活多样，富有情趣。具体来说，英语教学的灵活性原则主要可以从以下几个方面来论述：

（1）教学方法的灵活性

在英语教学史上曾经出现过许多种不同的教学方法和流派，例如，语法翻译教学法、视听教学法、交际教学法等，每种方法都有其自身的优势与不足，教师应该兼收并蓄、集各家所长，切忌拘泥于某一种所谓流行的教学方法。英语教学包括语言知识和语言技能两个方面，语言知识包括语音、词汇、语法等内容，不同的语音、不同的词汇、不同的语法都具有不同的特点。语言技能包括听、说、读、写四个方面，其中又包括许多微技能。而学习者的个体差异也是千差万别的。因此，在英语教学过程中要综合学生、教学内容及教师自身的特点，创造性地开展多种多样的教学活动，充分体现教学方法的多样性和创新性，使英语课堂新鲜有趣，从而激发学生学习英语的热情，挖掘学生的潜能。教学的内容也要体现多样性的原则，不光要教英语学习方法，还要结合英语教学教学生如何做人。

（2）学习的灵活性

教学方法和教学内容的灵活性可以有效地带动学生英语学习的灵活性。要努力改变以往单纯地死记硬背的机械式学习方法，帮助学生探索合乎英语语言学习规律和符合学生生理、心理特点的自主性学习模式，使学生能够自我导向、自我激励、自我监控；静态、动态相结合，基本功操练与自由练习结合，单项和综合练习结合。

（3）语言使用的灵活性

英语学习的关键在于使用，教师要通过灵活地使用英语来带动和影响学生积极主动地灵活使用英语。

第二节　大学英语教学的理论与实践

一、大学英语科学教学的理论基础

大学英语教学是一种建立在一定的理论基础之上的科学性教学。但是，由于研究者的思想不同，造成对理论研究的侧重点不同，最终形成的理论对英语教学也会有不同的影响。本节从哲学理论、语言学理论和心理学理论三个方面，对现有的英语教学理论进行了概述和总结，从而对英语教学实践发挥理论指导作用。

（一）英语教学的哲学理论基础

英语教学的建设、生存、发展、创新和实施，一方面需要从多视角进行分析研究，另一方面也需要多元化的科学理论指导，哲学当然是其中首要的基础指导理论。哲学是对自然科学、社会科学、思维和人文科学知识的高度概括和总结，是自然科学、社会科学、思维和人文科学知识的最高规律。自然科学研究自然客观事物发展的规律，社会科学研究社会发展的规律，思维和人文科学研究以人为本、人类与现实社会文化生活的关系和人类思维及其发展的规律，唯独哲学研究揭示的是整个人类和客观物质世界关系的本质特征和普遍思维认知的发展规律。哲学一方面紧密联系自然、社会、思维和人文科学，另一方面又对其具有世界观和方法论上的指导意义。人们不仅要质疑、探索、诠释和认识客观物质世界，还要改造和发展外在物质世界，改造和发展人类自身，从而创造人类社会的物质文明和精神文明。世界观一方面极力支撑和协助人类探索、诠释、认识、把握客观事物的发展规律，另一方面也制约着人类对客观事物发展规律的认识。方法论是人认识、把握和改造世界的根本方法。当前，马克思主义哲学的辩证唯物主义和科学发展观对英语教学的建设、存在、发展、创新和实施具有总体理论上的指导意义。

1. 以人的发展为本

英语教育、课程与教学的根本指导思想在于充分体现以人为本、以人的发展为本的思想。英语教学以人的发展为本的思想，根植于马克思主义哲学对人的本质，人与客观世界、社会文化的关系，人的主观意识、思维与外在世界、社会思想文化的关系及人的生命活动与语言的关系等问题的精辟且深邃的论述之中。

（1）英语教学要体现人的本质特征

人的本质首先体现为物质世界中的现实人，现实人既是自然人，也是社会人；其次体现在人与社会和思想文化的关系之中，人与人的关系是一切社会关系的总和。在人与人的社会关系和社会交往过程中，人们运用语言表达情意，或记录传承人类积累的物质文明和精神文明成果,因而逐渐超越自然人,优越于自然人,最后成为社会人。人之所以能超越和优越于自然人成为社会人,最根本原因就在于人与人在社会中使用了"语言"这个最常用且最有效的信息交流和沟通的交际工具。马克思在批判费尔巴哈的人本主义时明确指出:"人的本质不是单个人所固有的抽象物,在其现实性上,它是一切社会关系的总和。"人的本质不是个人的天赋属性,也不是人类抽象的共性,而在现实中,人总是生活在特定的物质世界情境、社会和社会关系之中。人在物质自然界中产生,又存在于物质自然界之中,而且人也只有在物质世界和现实社会中,特别是在人与人使用语言作为交际工具交流和沟通信息的过程中,才能成长和发展,成为能动地、创造性地改造世界、改善人自身和推动社会发展的人。因此,英语教学的建设、发展和实施必须面向全体学生、面向每个学生个体和面向具有终身学习能力的、推动社会发展的人,并以此充分体现以人民的本质特征为根本的价值观取向。

(2)人的发展与社会发展紧密相连

课程与教学的本质是教书育人,既要促进学生德、智、体、美、劳综合素质的全面发展,又要使其个性获得充分的发展。人是社会的人,一方面,人的发展需要以社会为依托,人脱离了社会就不成为社会人,就难以生存和发展;另一方面,社会的发展也离不开人,社会是由人组成的,是人群的社会,社会脱离了人也就不复存在。这种人与社会关系的相互依存和互促发展性还表现在:一方面客观世界和社会发展制约着人的发展,另一方面人充分发展的目的又在于认识世界和社会及其发展的客观规律,并根据其内在逻辑发展规律能动地、创造性地改造世界和社会,并不断推动世界和社会的物质文明和精神文明的发展;而世界和社会的发展又反作用于人,不断促进人的充分全面发展和个性自由解放。英语教学发展和实施的目的也在于培养学生综合素质的充分发展,并使其个性获得自主、自觉和自由发展。这不仅是学生发展的需要,也是社会物质文明和精神文明共同发展的需要,更是创建和完善中国特色社会主义外语教育教学体系的需要。因此,英语教学必须紧密联系个人与社会的发展,并在人与社会生活情境发展的进程中求得自身的发展、创新、完善和有效的实施。

(3)意识和思维的客观本真

人的意识和思维活动既有客观性的一面,也具有主观性的一面,但客观性更是其本真性的一面。人的意识和思维活动的基础是外在的客观世界和现实社会，外在世界客观存在于人的意识和思维活动之外，不依赖于人的意识和思维活动，不以人的意志为转移。外在世界第一性是本原，意识和思维活动是第二性的，是被决定的。物质世界是人的观念、意识和思维形成的基础，观念、意识和思维具有客观现实性，这就是意识和思维客观性实质的诠释。而意识和思维活动又是人的主观性的心理活动，外在世界和现实社会的客观存在，需要通过人的主观意识和思维活动才能被证实和阐释。诚然，人的意识和思维活动并不是外在世界和现实社会的本原或第一性；人的意识和思维活动的对象，即外在世界和现实社会也不是绝对观念，不是精神的自我认识和理念的自我构建，而是客观物质世界和社会生活现实在人的意识、观念和思维活动中的反映。但是，人并不是消极被动地对物质世界和现实社会生活做出反应，而是通过劳动实践活动和日常社会生活实践活动，使自身的意识、观念和思维与物质世界、现实社会生活相联系，并对物质世界和现实社会生活做出能动的和创造性的反应。由于个人的劳动实践活动和日常现实社会生活在目标、内容、过程、方法、时空等方面的差异，人们自然会对同一物质现象和现实社会事件产生不同的思想意识、价值观念和思维方式。这就是对"意识、观念、经验和知识是人的心理表征，是人们自我认识和构建，并存在于人的内在心灵之中"的阐释。意识观念的本质正是人对外在世界、社会现实能动和创造性的反映。深邃和思辨的理论问题，往往可以用最简单的事实和身边的实例表征和论证。英语语言单词如"book"，或词组如"an English book"，或句子如"The English book on the desk"，或语篇和文本，都是使用英语的民族对客观存在事实和事件约定俗成的符号，而语言符号又是意识、观念、思想的物质外壳。倘若在外在世界中不存在"书"，或"一本英语书"，或"英语书在桌子上"等现实事物和事件，那么上述英语单词、词组、句子以至语篇和文本就难以产生、存在、发展和创新。英语教育如何能使学生理解并运用英语单词、词语、句子、语篇和文本等语言知识？在回答这个问题时，学生仍然需要自主自觉、积极主动、能动创造地在人与外在世界社会的关系和特定的现实世界社会生活情境中通过理解和运用英语交际、沟通进行实践活动才能解决，语言知识和交际运用能力才能得以习得。而大多构建主义者（社会构建主义者除外）认为"脱离和割裂了人与外在客观世界社会生活的关系和特定的现实世界社会生活情境的联系，单凭个人的主观意识、观念、思维的自我认识和自我构建,就能自我构建和创新、达标理解和交际运用语言知识",这是不现实的。这正是由外在物质世界、现实社会生活的本原性所决定的,同时受意识观念、思想——其直接反映的第二性和被决定性制约。

(4) 人的生命活动与语言息息相关

在现实社会中,人们的生命活动与语言密切相关。人与人之间的交往、人与社会的关系及人们的日常生命活动主要是借助语言来实现的,语言是交际的载体和工具。人们的一切日常活动也都存在于特定的物质世界与现实生活、语言交际行为之间的联系之中。

语言是人的主观意识、观念和思维的物质外壳,是意识、观念、思维内容的物质载体,因此不仅物质世界表现于语言之中,语言的内涵也是意识、观念、思维反映物质世界的内容,而且意识、观念、思维的内容也寓于语言之中。语言是意识、观念与物质世界的关系之间的桥梁,正是由于两者联系之间存在着语言这个媒介和桥梁,才使得这种联系成为可能,并得以不断巩固和发展。其实,人的意识、观念和思维最初也是与人的物质活动、人类物质交往、现实生命活动和社会生命活动中的语言交往融合在一起的,而且人类的意识、观念、思维和语言本身也都是人的物质活动、人类物质交往活动、现实生命活动、社会生命活动和使用语言交流信息需要的直接产物。因此,英语教学建设、发展、创新和实施的目的、内容、方法都应彰显语言与学生现实社会生命活动的息息相关性,尽量设计成在接近、贴近甚至回归学生的现实社会生活的生动情境之中来讲解、操练和运用英语的形式,进而促进英语教学获得更为理想或良好的发展、更创新的实施效果。

2. 以学定教,以教导学,多学精教,不教自学

教育的核心是人,在教育中要重视人这一因素。在教学中要注重的人的因素就是教师和学生,要充分发挥出学生的主体性和教师的指导作用,使二者产生双主体的联动效应,进而发挥其创造性与主观能动性,具体体现在以教定学、以教导学、多学精教、不教自学中,这种英语教学的原理就是以教师为主导、学生为主体,发挥师生互动作用充分的体现。

(1) 以学定教

以教定学是我国长期以来的传统英语教学理念，学生是接受教育的对象及接受知识的容器，学校则是生产产品的流水线，这种教学理念确实可以培养出学习成绩优异的学生，但是不难发现，其忽略了学生作为个体的个性化发展。因此，真正可以发挥学生个性特长的方法应该是以学定教，将学生作为参与学习的主体，将其看作学习的主人，让其在教师的专业指导下做到积极主动地学习、发挥主观能动性并充分发挥个性与特长，使学生学习的知识、经验与能力都能获得提升。

以学定教不仅遵循了学生学习知识的规律，还根据学生当前的水平综合确定教学的内容、目标、方法策略及相关的教学评价体系，最终通过科学的方法对学生进行激励，促使其主动学习与思考，兼顾学生整体与个体的发展。教师在教学过程中应引导学生进行创新、探讨，参与实践教学，使学生的潜力得到充分发挥，并使学生在因材施教的教学方略下不断获得进步。

(2) 以教导学

以教导学也是英语教学过程中需要采用的重要教学理念，以教导学与前文的以学定教是相互对立统一的概念。以教导学的理念不仅将学生当作知识的被动接受者和使用者，也是积极获取知识的学习者。在教师教导下的学生可以根据自己掌握的知识不断获得新的理解，这样的学习方式才是高效的。因此，可以看出英语的学习并非单纯地接受教师的灌输就可以，而是应该在教师指导下，凭借自身的能力及对英语的热爱进行积极主动的学习，通过互动的方式来汲取新知识可以使学生的理解与掌握更加扎实。

(3) 多学精教

多学精教教学方式的重要性不亚于以学定教和以教导学。在英语的教学过程中，互动不仅仅体现在师生之间，还体现在师生与外界环境的交互，情境交融才是英语互动教学的本质。多学精教便是指在师生利用情境、情意互动的过程中，学生首先做到积极主动地学习知识并应用知识，进而由教师针对具体的情境及学生掌握知识的水平进行重点、难点知识的精细讲解，这样学生便可以在教学过程中拥有更多自主学习与实际体验应用知识的机会，对知识的掌握和理解更加深刻、牢固。语言要在现实环境中体现，若是语言学习缺少了客观环境，那其学习的困难性将成倍上涨，同时新知识的讲解也应建立在学生理解与吸收旧知识的前提下，这样才能使所学知识得到充分应用。

（4）不教自学

不教自学是英语教育教学的最终目标。教最终是为了不教，不教便是为了自学，能够在自学中享受到乐趣是学生学习的理想追求。英语作为一门语言，其沟通的本质具有双向或多向的沟通性与交流性，沟通的双方或多方都应是独立、自主的个体。此为不教自学的最高境界。

（5）以学定教、以教导学、多学精教、不教自学和谐地互动发展

我国的英语教育教学体系具有中国特色社会主义特点，强调的是学生的发展。在促成学生发展的过程中，教师是担负培养学生责任的重要角色，教育教学的改革，根本上是针对教师的改革，好的教育需要好的教师来提供。以教导学和以学定教存在着内部的逻辑关系，教师不仅是知识的来源与载体，更是传道解惑之人。既不可以将教师作为主导，实行以教定学的教学方式；也不能只把学生当作主体，排斥以教导学。"师傅领进门，修行在个人"就是指教师应该教会学生如何学习和运用知识，而不是单纯地传授知识本身，要强调教师引导学生的作用。在师生相处过程中，应遵循相互尊重、互相友爱的基本原则，教师尊重学生人格的同时，学生也要尊重教师的辛勤付出。

我国英语教育教学不可以只把以学定教、以教导学作为目标，更应通过多学精教来实现最终不教自学的境界。

尤为重要的是，英语教育教学不能止步于以学定教、以教导学；以学定教、以教导学，还需要通过多学精教才能最终通达不教自学的最高境界。因此，以学定教、以教导学、多学精教、不教自学是一个蕴含内在逻辑联系的统一体，四个方面互动、生成才能达到英语教育教学理想的目标。教师的职责就是教书育人，培养学生的发展。教师应把全部的精力投入教书育人中，无论是做一件细小的事情还是上一堂微不足道的课，教师都是为了有效激励学生的思想情感，激发学生求知欲望，培养学生独立学习的能力，同时也体现了自身的价值。它更直接地体现在不教自学的最高境界之中。

根据辩证法理论，对于学生来说，学习是内因，教师教学是外因。内因是起决定性作用的，外因通过内因起作用。这是以学定教的哲学基础。外因能起强大的反作用，从而激励、推动内因的发展，这是以教导学的哲学基础。

3. 英语素养与积极的学习态度协调发展

（1）英语素养与积极的学习态度协调发展

传统的英语教育把英语素养与积极学习英语的态度、英语素养与人文精神之间的联系分离成了两部分，学习因此变成了一座压得学生无法喘气的大山，这种学习花费的时间多，但学习的收益却很低，使得教与学所投入的精力与吸收的知识不成正比。要想真正学好英语知识、提升英语技能和交际能力并综合发展英语素质，学生首先应当拥有积极的学习态度，其次应当主动地通过多种感官渠道去学习英语，使得英语的听、说、读、写、译等方面可以全面发展。

学习态度是否积极主动是有无人文精神的重要体现，英语学习提倡以学生作为学习主体，让学生成为学习的主人与创造者，自由发展其个性，调动学习主观能动性，使得学生的英语学习起到事半功倍的效果。

（2）英语素养与信心、兴趣协调互动发展提升

英语素养的提升可以使学生逐步建立学习信心，进而产生学习英语的兴趣，提升学习英语的成就感。学习的信心与兴趣不仅能提高学习效率、提升学习水平、加速英语素养发展的关键，更能在学习与运用英语知识的同时，学会解决困难，这种历经阻碍与困难解决问题的过程将会转化为学生的成就感，促使其成功。

4. 过程、效率和结果有机地融合

传承人文精神与文化知识的重要渠道之一就是学科教育教学，英语作为其中的主要学科，可以扩展学生的视野，加深对国外文化的了解，培养跨文化意识。课堂是提升英语素养与人文精神的主要场所，在英语课堂的教学中不仅要培养学生知识，而且要注重上述方面的培养，在课堂的实施过程中充分展现人文精神，使学生在学习英语的过程中受到人文精神潜移默化的影响。因此，在英语教学过程中不仅要重视学习的成果，还要关注学生在实际交际中对英语的使用能力及学生对国外文化的了解与跨文化意识。实际的教学要遵循教学规律，摆脱以往一味关注成绩的不良方式，想办法使学生能在最短的时间内获取最多的知识，充分发挥学生的个性与特长、创新能力与实践能力。

辩证唯物论和科学发展观对英语教学有着重要的指导意义，其宗旨是以人为本，重视人的发展，同时也重视人文精神与英语素养的综合进步，这些观点还体现在学生的全面发展和个性发展的协调上，促进学生在英语上的主动思索与学习，

提升学生的知识、技能和实际交际能力，培养学生的英语思维与综合能力，最终使英语学习的过程、效率与结果有机地融合。

（二）英语教学的语言学理论基础

历史比较语言学主要研究和比较各种语言变化和发展的历史，比较各种语言的语音、词汇、语法形态结构的变化和发展历史，以便获得各种语言相同和不同的构造语系。历史比较语言学研究结果认为，各种语言均起源于同一种始源语言。语言起源于原始人的喊叫，或对自然界声音的模仿，或始于身体各部位的动作，或对客观事物的象形。英国学者琼斯于1786年发表的论文认为拉丁语、希腊语与梵语的词根和语法结构形态很相似，它们具有同一始源语，并由此得出各种语言可以相互翻译的结论。由此，历史比较语言学就成了翻译法的理论基础，同时，这也开创了语言学成为外语教育教学的理论基础的先河。为此，外语教学法的研究与教学也开始关注语言学理论对外语教学的指导意义，并力求从语言学理论中寻求外语教学的理论基础。

1. 知识与能力

知识是什么？能力是什么？这是当前外语教育界争论的热点问题。外语教育要把知识与能力的概念和含义辨认清楚。为此，首先，必须加强对哲学、语言学（当然也包括心理学、教育学等）的语言知识观和语言运用能力观的关注，加深对知识观与能力观的历史发展变化特征的认识。吸收知识观与能力观新的理念。使传统与现代、历史与现实、理论与实践相辅相成，沟通融合。其次，回过头来反思分析外语教育中知识与能力的问题和探索其未来的发展方向。这样就能看得更清楚、领悟得更透彻和体会得更深刻，就能更好地提升外语教育理论的科学性和实践的有效性。

在有关语言本质的问题上，哲学与语言学的理论紧密相连、互相补充，相得益彰。但是，有些人的研究是有问题的。诸如，索绪尔只研究语言本身，而不注重社会使用的语言；布龙菲尔德采用描写语言学的方法研究语言的结构，而忽视社会实际的语言；乔姆斯基只研究个人的语言习得机制和普遍语法，而不重视社会交际运用语言的探讨。

任何事物，它的内部都包含着本身独有的矛盾，这样就形成了这一事物区别于其他事物的特殊本质。概念的内涵是反映事物内部固有的特殊矛盾和区别于其他事物的特殊本质，能反映事物的本质特点。因此，明确事物的概念及其内涵，能体现它的本质特征和实质内涵。交际运用语言能力，是外语课程中最关键的术语和最核心的概念。以哲学和语言学为理论基础，认识语言知识与交际运用语言能力的概念及其实质、内涵和潜藏的因素及其关系，就能深刻影响外语教育的方向、性质、价值观、教育目标、教学内容、教学过程、教学策略方法和教学评价等。以哲学和语言学为理论基础，反思、辨别和论证什么是语言知识与语言运用能力的概念、本质特征和潜藏因素及其关系的来龙去脉，就显得具有特别重要的理论和现实意义。

2. 语言与言语

德国哲学家、语言学家洪堡特曾在《论人类语言结构的差异及其对人类精神发展的影响》中指出，语言是人脑内在的一种结构，是说话者的智能部分，是大脑的一种创造性的能力。人们能运用有限的语言手段创造出无限的语言行为。他还提出语言的概念，认为语言是一种外显行为。著名的瑞士语言学家弗迪南·德·索绪尔强调语言在社会中的作用、在人类生活中的作用，研究人们是怎样运用语言和语言使用规律的。在由他的学生根据他讲课内容整理的、号称"语言学领域哥白尼式革命"的语言学专著《普通语言学教程》一书中，索绪尔首先用法语区分了语言（langue）和言语（parole）这两个既不同又相对应的核心概念。语言学界对这种区分做出了高度的评价，认为区分语言和言语两个相对应的术语，对语言学研究语言本质特征作出了重大的历史贡献。

（1）语言

语言等同于语言体系。作为代代相传的一种体系，语言包含语音、词汇、语法结构规则，是一种潜在于一群人的头脑中（或语言社团中）、抽象的和稳定的体系，是内在于大脑中的一种语法系统或一套普遍规则。因此，语言具有社会性的特征，它决定每个人听、说、读、写的具体形式。

（2）言语

言语是人们说出和听到的话，是人们写出和理解的内容。言语是人们说话表达内容时的内在心智符号和心理生理机制相组合的外化结果。因此，也可以说，言语是语句的产出、表达和运用。言语就是运用语言或语言运用，是表现出来的具体内容。它反映讲话人的个人特点，并总是与具体的情境或环境、语境和情意紧密相连。因此，言语常因时因地而无限动态地变化。相对于语言来说，言语具有个人性、具体性和变化性等特点。

语言和言语既有区别，又有联系。语言是言语形式，是语音、词汇和语法结构的系统；言语是语言表达的内容，是听到和说出的话语，是运用语言表情达意。这是语言与言语的区别特征。但语言与言语又是紧密联系的两个方面。言语是一个言语社团说出的话和内容，语言是从言语中归纳出来的结构形式。一个言语社团说出话的总和，就是该言语社团的语言。

3. 语言结构与实际话语

美国描写主义语言学和结构主义语言学的代表人物，有博厄斯及其学生萨丕尔。他们对美洲印第安人百余种土著语言的描写，开创了描写语言学和结构语言学的先河。布龙菲尔德《语言论》的出版，标志着结构主义语言学的诞生，并在20世纪30年代初至50年代末成为世界上占统治地位的语言学流派。布龙菲尔德完全赞同索绪尔把语言区分为语言和言语两个方面的观点，并根据这一观点，把语言区分成语言结构和实际话语两个因素。

（1）语言结构

语言结构的特征对社团全体说话者来说都是一样的，是语音、语法范畴和词汇等组成的一个严格系统。语言系统是一个语音、词汇、语法习惯的稳定结构，是一个语言社团可能说出的话的总和。

（2）实际话语

实际话语（言语）的特征是语言系统未固定的方面，各方面各不相同，而且在系统的特征上都是因时因地和因具体情境无限变化的。实际上布龙菲尔德描述的习惯的、稳定的和严格的语言结构系统与实际话语的区别特点，与索绪尔的语言与言语的内涵完全一致。

4. 语言和言语行为

奥斯汀把说出的语句分类成三种言语行为。一是说出语句行为（locutionary act），主要是指用语言组成的声音、构成符合语法的句子或用表达某些事物意义的综合体来完成的行为。二是用语言做事行为（illocutionary act），是指在特定的语境中、特定的条件下，抱有特定的意向说出语句来完成的行为。三是用语言取效行为（perlocutionary act），主要是指用语句完成事件并取得效果的行为。塞尔在这基础上又补充了第四种行为：命题行为（prepositional act）。他认为，用语言做事包含命题和言外之力（illocutionary force）。词面、句面意义和言外之间，是紧密联系的。所以，说出语句时，四种行为，即说出语句行为、用语言做事行为、命题行为和用语言取效行为是同时实现的。

塞尔根据用语言做事行为的四个条件或四条标准，进一步对用语言做事行为进行了分类。这四条标准，一是基本条件，说出语句的意向（目的）；二是真诚条件，呈现的心态；三是先决条件，合适的方向，即语句与世界的关系；四是命题条件，命题。他还根据这四条标准把用语言做事行为分成五类。

（1）断言行为（representatives）：指描述世界上的状况或事件的言语行为。

（2）指示行为（directives）：指具有使听话者做某些事情的功能的言语行为。

（3）承诺行为（commissives）：指说话者将承担做某些事情的言语行为。

（4）表达行为（expressives）：指说话者表达对某事的情感和态度的言语行为。

（5）宣告行为（declarations）：指改变某事状况的言语行为。

奥斯汀和塞尔提倡的言语行为，在语言教学和教学大纲设计中常被用作语言功能。索绪尔、奥斯汀和塞尔对语言和言语区分的观点基本相似。他们都把言语看作说话，是语言运用，是听、说、读、写运用语言，但只有塞尔把说话进一步看作言语行为，用语言做事的行为。

5. 语言行为潜能和实际语言行为

以捷克语言学家马泰休斯、波兰社会人类学家马林诺斯基、英国语言学家弗斯及其学生韩礼德为代表的英国社会语言学派，即功能语言学派，把语言看作是社会现象，是人类生活的一种方式，是人们社会活动的有机组成部分。由此，他们跳出了语言形式研究的局限性。韩礼德根据言语行为理论，进一步发展研究语言功能理论。正如韩礼德所说："语言学……应关注……言语行为或文本，只要通过使用语（language in use），即所有的语言功能的研究，那么所有意义部分就凸显成为中心。"言语行为是用语言做事，语言功能是指有意义地使用语言，也指用语言做事。语言功能实际上就是言语行为。韩礼德描述，儿童学习使用母语时的七个基本语言运用（language performs）功能如下所示：

（1）工具功能：用语言取物。

（2）调节功能：用语言控制他人的行为。

（3）互动功能：用语言与他人互动。

（4）个人功能：用语言表达情意。

（5）启示功能：用语言学习和发现。

（6）想象功能：用语言创造一个想象的世界。

（7）陈述功能：用语言交流信息。

韩礼德选用语言行为潜能（linguistic behaviour potential）和实际语言行为（actual linguistic behaviour）两个概念来替代索绪尔的语言与言语和乔姆斯基的语言能力与语言运用的概念。三人在言语问题上的观点基本上是一致的。他们都认为，言语是说话者实际说出的话。韩礼德对语言问题则有自己独特的看法。他认为，语言不是一种"知识"或"知"的方式。语言是一种"做事"的方式，是说话者在语言和文化上选择的范围，即言语行为、能做事的范围。语言是说话者能做的事，言语是说话者实际做了的事。言语是要得体地使用语言，要根据特定的时间、地点、人物、怎么说、说什么话（when and where and how to say what to whom）。人们可通过语境变化、交际文体差异、交际双方的社会身份和关系来预见学生用语言做事。

6. 语言与交际能力

英国社会语言家海姆斯基于言语行为理论和功能语言学理论，即语言功能是言语行为，是用语言做事的观点，对比区别乔姆斯基的"语言能力"后，首次确定了交际能力（communicative competence）的概念。海姆斯认为，一个获得交际能力的人，必然会获得语言知识和使用语言的能力。

海姆斯和威德森等认为，语言是为了交际（language is for communication），作为语言知识的语言能力则是交际能力的一个组成部分。一个获得交际能力的人，必须既获得语言知识，又获得使用语言的能力；既能运用掌握的语言知识，造出适合语法的句子，又能运用掌握的语言规则，非常得体地使用语言。因此，如果不懂使用规则，只是单纯地掌握语法规则，也是没有用的。海姆斯提出交际能力具有以下四个特征表现：

（1）能分辨并造出适合语法的句子。

（2）能判断语言形式环境并在其中得体地使用语言。

（3）能在实际的语言环境中非常恰当地使用语言。

（4）能清楚语言是实际交往中常用的还是受限定的。

海姆斯提出交际能力实际上包含了语言知识和语言运用两个方面，并规范了它的可接受性、可行性、适合性和实用性的四个特征或四个标准。由于定义交际能力不存在一个具体客观的标准，因此，海姆斯的交际能力的四个特征，并未达到公认的权威性和科学性的程度，也并未被社会语言学家、功能语言理论提倡者所一概接收。人们还纷纷提出各种不同的标准和概念，简括如下：

（1）Canale and Swain（卡纳尔和斯温）的交际能力的四个特征：语法能力（语言能力），社会语言能力（得体性），话语能力，策略能力。

（2）D.Pietro（皮埃特罗）的交际能力的四个特征：语法形式能力，语言功能的社会文化能力，达到目的的心理能力，言语行为能力。

（3）Johnson and Morrow（约翰逊和毛鲁）的交际能力的三个特征：具有信息差，选择，反馈。

（4）Littlewood（列脱尔胡特）的交际能力的四个特征：语言能力，认识语言形式的交际能力，具体情境中交流思想的能力，语言形式的社会意义能力。

（5）S.J.Savignon（萨维农）的交际能力的三个特征：语法能力，社会语言能力，随机应变能力。

（6）G.Hudson（哈德逊）的交际能力的三个特征：语法能力，语用能力，社会文化能力。

《牛津语言学词典》中对"交际能力"是这样定义的："一个说话者在一个社团中支配熟练地运用语言规则和惯例等的整套知识。这是20世纪60年代后期，海姆斯用以区别乔姆斯基把能力概念限制在语法知识范围内。"（A speaker's knowledge of the total set of rules,conventions,etc.governing the skilled use of language in a society.Distinguished by D.Hymes in the late 1960s from Chomsky's concept of competence,in the restricted sense of knowledge of a grammar.*Oxford Concise Dictionary of Linguistics*,1997.）

根据这个交际能力的定义，对比包括海姆斯在内的上述诸多语言学家和语言教学法家所赋予交际能力的特征，我们可以清楚地看出，如果把个别人即卡纳尔（Canale）和斯温（Swain）的策略能力排除在外，那么上述各组特征都包含在这条定义规定的范畴之内。而海姆斯等人提出的四个特征，也更趋同于该交际能力的定义。因此，交际能力主要包含语言知识和语言运用两大因素。

语言知识即语言能力，是指语言的语音、词汇、语法结构和使用语言规则的知识，以及用语言做事的功能等知识。

语言运用即社会语言能力和语用能力，是指运用语言实现交际功能的能力。

（三）英语教学的心理学理论基础

1. 主要的心理学理论

心理学最开始属于哲学领域，直到19世纪下半叶，冯特建立心理学实验室，科学心理学开始成为一门独立学科。之后一百年，心理学迅速发展，并与其他学科相互结合，形成诸多交叉学科，教育心理学就是其中之一。教育心理学将研究对象定位于教学过程中涉及的教师与学生，对学生学习过程中的心理变化进行研究，得出了诸多科学结论，并指导了教育学的发展。同时，随着教育心理学的深入发展，其在外语教育、课程建设、教学实施等方面的作用也不断得到相关学者的肯定。目前，对外语教学影响较大的心理学研究理论包括：官能心理学、人本主义心理学、行为主义心理学、联想主义心理学、认知心理学、构建主义心理学及心理语言学的某些理论。

（1）官能心理学

官能心理学起源于古希腊的灵魂官能小说和笛卡尔的心灵实体论的哲学观。官能心理学对13世纪文艺复兴时期的拉丁语教学产生了一定程度的影响。直到19世纪，官能心理学仍在西方学校教学中具有重要地位。官能心理学的创始人沃尔夫，将人的心灵划分为不同官能，并提出不同官能可以采用单独的训练方式。古典拉丁语的文法繁杂多变，能够有效训练学生的记忆力和逻辑思维能力。学生通过对古典拉丁语语法结构和规则的学习发展逻辑思维能力，通过对词汇的识记发展记忆能力，在阅读和翻译古典拉丁文著作的过程中启迪智慧。19世纪之前，西方学校教育中对古典拉丁语的教学理论都是基于官能心理学理论建立的，甚至现在流行的形式训练说也与官能心理学关系紧密。

（2）联想主义心理学

心理学中的"联想"（association）概念最早由英国哲学家洛克提出，并由此延伸出联想主义心理学。联想主义心理学的早期学者认为人类的学习就是经验的积累，而经验则是由观念联想所构建的。

之后，桑代克通过动物实验进一步发展了"联想"的概念。他利用猫进行动物学习实验，将饥饿状态下的猫放入"迷津"（需要依照特定方式开启开关、找到出路的迷宫）中，借助食物引诱猫通过迷津获取食物，以此观察动物的学习探索过程。通过实验，桑代克认为无论是人还是动物，学习过程就是刺激与反应的联结，在这个过程中并没有意识的参与。同时桑代克根据实验提出了一系列学习规律，包括效果律、准备律、练习律，并提出联结法，即外语学习应注重构建词语、实物、学生反应之间的联结。

外语课程中的直接教学法和情境教学法中也渗透着联想主义心理学原理。另一位联想主义代表人物斯威特则针对外语学习提出，语言学习过程本身就是联想构建的过程。帕默也提出，人类的语言学习就是联结形成和自动化的过程。外语课程中的直接和情境结构形态的联结也深受联想主义心理学的影响。它们的代表人物认为，语言的整个学习过程是形成联想的过程，语言学习是形成习惯和自动化的过程。

苏联神经生理学专家巴普洛夫用狗进行实验，对经典条件反射进行了详细论述。根据实验结果，巴普洛夫提出，条件反射是基于非条件反射形成的，动物经过一系列训练可以将条件刺激物与生理反应相联系，但当实验条件去除后，这一联结得不到持续强化，由训练建立的联系也会消退。基于这一实验结果，他提出学习也需要持续的巩固。晚年他还提出信号系统分为两种：第一信号系统和第二信号系统。第一信号系统以条件反射为中心，采用能引起本能反应的实物作为刺激物；第二信号系统则以非条件反射为中心，采用词语为刺激物。第二信号系统需要在第一信号系统的基础上进行构建，经过一定训练，第二信号系统的条件刺激也可以像第一信号系统的条件刺激一样引起动物的条件反射。

外语教育就是对第二信号系统的有效利用，自觉对比法就是基于母语学习经验，在第二信号系统理论基础上学习的外语方法。

（3）行为主义心理学

行为主义心理学在20世纪上半叶作为心理学的三大势力之一，在全球范围的心理学领域占据了重要的统治地位。

美国心理学家华生是行为主义心理学的奠基人，他提出科学心理学应当将行为而非意识作为研究对象，认为心理学实验应当研究可以测量的人类行为、情绪反应，并否认意识在心理学研究中的作用。同时，他提出人的行为是由"刺激"导致的"联结反应"。

行为主义心理学自诞生就受到美国社会的关注，并得到大力发展。在20世纪20年代具有影响力的代表人物有托尔曼、赫尔、奥斯古德等。这些行为主义心理学者在华生的理论下继续探索，并提出在"刺激"和"反应"之间还应存在某种中介变量。斯金纳在巴普洛夫经典条件作用实验的基础上，通过白鼠实验开发出斯金纳箱，进行了操作性条件反射的实验，并就此对这一原理进行系统阐释。斯金纳根据实验结果，将操作性条件作用用公式进行展示："刺激—反应—强化"。在操作性条件作用原理下，言语行为也可看作是由一系列"刺激—反应—强化"过程的结果。人的学习就是在不断"强化""刺激—反应"，而记忆则是对这一过程进行自动化的过程。行为主义心理学的操作性条件作用原理就是现代外语教学中听说法的理论基础，听说法将外语习得看作习惯养成的过程，而习惯的形成则可以看作操作性条件反应形成和强化的过程。

2. 心理学的知识观对英语课程与教学的作用

知识是人类对认识世界和改造世界的实践经验的总结，是对客观规律的正确反映，也是教育的核心内容。教学活动就是围绕着如何组织知识、传授知识，怎样帮助学习者构建知识体系等问题进行的。以下从心理学角度，对知识观在我国英语教学中的应用展开讨论：

（1）心理学的知识观

我国教育领域是从哲学认识论的角度对知识进行定义的：知识的内容是对客观事物规律的主观反映，是客观世界见之于人脑的主观形象；知识的表征形式，既可以是对事物的感觉、知觉等感性认识，也可以是规律、概念等理性认识；知识在人脑中是以感知觉、表象、规律、概念等心理形式存在的。

认知心理学（信息加工心理学）、心理语言学则是使用信息加工理论来定义知识的。知识是个体基于自身经验对在与环境交互作用过程中汇总所获得信息的组织与整合。知识可以被个体储存在头脑中，也可以借由绘画、书籍、数据等形式，存储在相应媒介中。相较于传统知识观，认知心理学更关注学习者本身的个性条件，侧重研究知识的习得过程、知识类型与性质、学习的条件与影响因素等。认知心理学将人脑与计算机相类比，对知识的记忆进行分析，研究知识在人脑中的存储和提取过程，并进一步延伸到对知识应用情况的分析。认知心理学根据应用场景的区别对知识进行了分类，包括复述性知识、程序性知识、操作性知识。

复述性知识是指可以用语言进行存储、传递，直接进行复述的信息，主要回答是什么、为什么的问题。比如，英语单词的识记、英语中使用现在进行时表达的语句、各种概念等。

程序性知识是指个人根据程序过程，依照提示线索回答如何做的问题的一类知识。比如，在讲解完动词的使用规则后，按照语法结构利用动词完成句子的组织，将被动句转变成普通陈述句等。

操作性知识也被称为认知策略，也可以归纳到程序性知识之中。操作性知识更侧重于对内部认知结构的认知，是对自身经验的总结。比如，在外语学习过程中，学生自发采用的构词法、联想法等认知策略。我国教育界采用的知识观中的知识概念，更多是指认知心理学中的"复述性知识"，核心在于对理论概念和客观规律的论述和传递。

（2）心理学知识观对英语课程与教学的影响

①心理学的知识分类与英语课程的目标框架

在我国义务教育阶段，国家课程标准将英语课程的教学目标设定为知识与技能、过程与方法、情感态度和价值观三个维度。其中知识与技能说的就是复述性知识，过程与方法则是对程序性知识的要求，情感态度和价值观则是对学生情绪、动机、性格等更高级心理结构的培养。在英语学科教学过程中，课程目标的制定不仅要注重科学特点，完成知识与技能、过程与方法两项目标内容，而且要关注学生的个性特点，以实现情感态度和价值观目标的完成。

事实上，任何课程都需要同时关注学生认知能力和语言运用能力的发展。不仅要重视知识与技能两大基础的夯实，而且要从语言交际能力、思想情感、道德品质等方面推动学生的智力发展、综合能力培养。外语课程是大部分学生接触本土文化之外文化的主要途径，进行外语课程的多元价值目标开发是对学校教育功能的有效拓展和深化。在当前外语课程的教学中，学生语言素养的发展不仅是对个人能力的培养，同时也是对思维方式、价值观念的拓展。当前课程目标的设置，从传统教学标准中对学生知识积累的强调，转变到对学生能力发展的关注，这不仅是现代教育的发展，也是语言学科适应社会变化的重要转变。

②英语教材中的知识类型与教师对教材的理解和使用程度

教材本身的文本特性决定了其更便于呈现陈述性知识，而在其他类型知识的传递中存在一定局限性。在之前的教育模式下，受到教学环境、教学条件的限制，为平衡教学资源，大部分学校更倾向于以教材为中心进行课程目标构建。但随着互联网技术的发展，信息传递方式的增加，社会对学校教育的要求更加丰富，学生的发展也更趋多样化，如果仍采用传统教学方式，很难满足现代社会的需要。这一点也在新的教学大纲、课程标准中得到一致性的体现。自改革开放以来，英语教学的教材逐渐丰富，并试图通过更加灵活的内容和材料，提醒教师关注学生语言能力的发展，关注语言学科教学过程中程序性知识、操作性知识的培养。但在传统教学模式的惯性思维下，部分教师仍采取"拿来主义"，将教材内容直接当作教学材料，依照陈述性知识的教学方法安排课程，这无疑很难有效实现教学目标。

另外，文本性质的教材本身并不适合陈述性知识以外的知识内容的传递，这需要教师根据教学目标，对教材中的练习、活动等进行适当调整，以适应教学环境，这对教师的教学能力也提出了更高要求。关于这一点，教师需要根据教学目标，对教材内容进行梳理和筛选，设计合适的教学活动和练习环节，从而建立更适合学生的课堂教学环境，以达成教学目标。

当然，强调英语教学过程中对学生程序性知识的传递和语言能力的培养，并不是对陈述性知识的否认，更不是将这两者对立起来，而是要加强培养学生在语言学习过程中对不同类型知识的接受和转换能力，从而切实提高学生的综合素养和语言能力。

在外语教学的教材安排中，很少会对策略性知识进行强调，这一方面跟我国传统的教学观念和教育心理学的发展情况有关，另一方面也受到教材的设计和安排的影响。同时，策略性知识的学习本身会受到学生个体因素的影响，在教学实践过程中，很难有统一的教学方法和衡量标准。但策略性知识对学生自学能力、元认知培养、思维开发具有重要作用，是学生语言能力发展必不可少的内容。教师进行策略性知识的教学，需要关注学生的认知发展情况，因地制宜地开展教学活动，并及时关注学生的变化，调整教学方法，引导学生自主完成反思和总结，不断积累策略经验。

新教学标准中的情感态度和价值观目标与策略性知识的教学类似，在教学过程中经常作为隐性目标出现，教师很难通过知识的讲授直接改变学生内在的心理过程，只能通过一系列教学方法与学生产生情感共鸣，从而影响其内在精神世界。但情感态度和价值观也并不是独立于学生的认知结构的，也是可以通过对陈述性知识及其他类型知识的学习不断培养和发展的。教师在教学过程中，应关注这一教学目标，从学理层面进行方法探索，并在实践过程中积极探索。

针对目前我国英语教学中的问题，教师需在促进学生知识转化问题上有所作为，具体为以下两方面：

①从陈述性知识向程序性知识转化

陈述性知识向程序性知识的转化，关键在于两种知识间的对比与联结。安德森曾从陈述性知识程序化的角度对这一问题进行研究，认为这一转化过程的本质在于对陈述性知识的内化，在学生认知结构中将运用过程转变为自动化过程。在英语学习过程中，学生首先要积累必要的知识，其次要熟悉知识运用过程，并在运用过程中不断强化对这一过程的认知，从而在认知系统中建立自动使用英语进行交流的心理结构。比如，在英语课堂上对现在进行时语态进行教学时，学生首先需要对现在进行时的结构、概念、形式进行掌握，其次要在实际的外语交际中理解其内涵，最后通过不断练习，形成自动化过程。如果打乱这个顺序，只强调其在实际交际中的使用，而不对概念、内涵等知识进行讲解，学生一是自动化过程相对困难，二是很容易出现各种表达错误。而反过来只强调陈述性知识的记忆，忽略应用过程的练习，则又会陷入死记硬背的困境之中。

②从流程性知识向复述性知识转化

英语的学习不仅需要将陈述性知识向程序性知识转化，还需要程序性知识向陈述性知识的转化，让学生在使用语言交流的过程中，发现背景知识、积累词汇和语法知识，构建系统化的学习方法。因此，教师在语言交际教学过程中，需要科学设计教学方法和教学内容，在恰当的时机对陈述性知识进行明示，让学生熟悉不同类型知识间的联系和转化过程，从而深化对英语学科的理解和认识。对这一转化过程的强调，能够帮助学生建立对英语学科陈述性知识的正确认知，避免交际过程中的表达错误，防止语言"石化"（fossilization）现象的发生。约翰逊就针对"石化"现象对程序性知识向陈述性知识的转化过程展开研究，并强调了外语学习过程中"陈述化"（declarativazation）的重要性。比如，现阶段中小学英语教学强调学生听说能力的培养，在教材中加入了很多口语交际的内容，教师在实施教学时，可以在学生进行交际练习时对其中的陈述性知识进行提示和分析，让学生加强对两类知识的联系。加强两种类型知识间的转化，可以帮助学生对英语知识的内涵、结构形成更深入的认识，从而更自如地使用英语知识，形成英语能力。知识的转化并不是单向流动的，而应通过对两者的深入分析和对比，形成双向转化。而不同的转化过程也代表了不同的学习路径，这两者之间并不是要分个高低、先后，而是根据学生的认知发展水平，寻找合适的契机和方式，形成有效补充，共同为学生的英语学习过程和能力培养提供助力。

3.默会知识和外语课程与教学

（1）默会知识论

①明确知识和默会知识

对"默会知识"（tacit knowledge）和"明确知识"（explicit knowledge）的区分最早出现在英国科学家波兰尼在1958年的著作《人的研究》（*The Study of Man*）中。人类知识存在两种类型，我们日常所说的可以用文字、公式、图画、音乐旋律等进行表征的知识称为明确知识，除此之外无法用媒介方式进行系统表征的则称为默会知识。

明确知识能够采用多种方式进行表述和传递是人类文明传承的基础。默会知识难以名状，更类似于人类的本能反应，存在个体差异性，但这种默会知识在很多情况下会为人类的文明探索提供指引性。

波兰尼不仅强调默会知识的存在，而且强调默会知识的优先性。他认为默会知识在个人知识体系中发挥着决定作用。明确知识的构建与表征都是在默会知识的影响和支撑下完成的，甚至人类的认知过程本身也是默会的。但无论是默会知识，还是明确知识，都是人脑对物质世界和现实社会的反映。外语教学作为经验的传递，也应明确对这两种知识的分析。

②默会知识具有个体性特征

波兰尼在著作中提出认识和认识主体两者是不可分割的，认识是认识主体对客观事物的反映，并着重强调了认识主体的作用。默会知识是个体对客观事物的认识，不同个体面对同一事物形成的认知也会有所差异。学习者能够学会某种知识，就说明其具有借助默会知识对各类新信息进行整合的能力，而学习的速度、数量则取决于学习者应用默会知识进行认知构建的能力。默会知识作为一种无法用语言进行系统表达的知识，其非逻辑性、非公共性、文化性及情境性都赋予了其独特性质。

（2）默会知识论对英语课程与教学的启示

在传统英语教育过程中，课堂教学更强调学生对教材知识的掌握，教学过程更多是对陈述性知识的传递。而默会知识因为其隐蔽性，往往不会被教师专门提及，经常在教学过程中缺位。波兰尼提出默会知识论，无疑为英语教育提供了新的研究思路，同时将学习过程进行了更细致的划分。这种对知识表征方式的区分，帮助人们加深了对知识的认识，并转变了人们对知识学习和传递的看法。

在波兰尼之后，心理学家通过实验方式进一步论证了内隐学习的存在。默会知识的概念被内隐知识所代替，相关研究也逐渐丰富。在心理学原理基础上，人们无意识学习的过程得到更多人重视，并对教育领域产生了巨大影响。这一研究结果，也为语言教学提供了更多新思路。

语言学习不同于其他经验学习，尤其是英语的习得，绝不是一蹴而就的，而是需要反复尝试、不断实践。明确知识的学习只能解决认知方面的问题，却很难使英语真正成为交流的工具，而交流习惯的形成却依赖于默会知识的支撑，学习者需要通过大量的实践练习掌握发展默会知识识别的能力。默会知识论对英语教学的启示有如下两个方面：

①关注学生的默会知识，凸显学生个体的主体性

传统英语课程的课堂教学更强调教材中明确知识的传递和教授，教师和学生之间的关系存在明显界限。默会知识在教学过程中一直处于隐形状态，学生的个体能动性得不到重视和激发，只是被动地接受教师"硬塞"过来的知识。随着现代教育学、心理学和语言学的发展，学习者的主观能动性和个体差异性受到极大重视，尤其是默会知识论的出现，越来越多的教育者将关注的重心从知识传递转移到学生学习的过程上来。学生的个体经验、知识敏感度、情感态度，甚至信仰、信念、价值观等都会对学习过程的投入度和学习效果产生影响。而这些隐藏在学生学习行为这一表象之下的内在心理过程就是默会知识的内容。

在英语教学的过程中，教师不仅要关注、分析、研究默会知识的重要性和培

养方式，而且要从学科特点出发，探求将教学过程与默会知识联结的有效方法。教师的教学是围绕教材展开的，但教材内容多呈现的是明确知识，因此教师需要认真分析两者间的联系与区别，深入挖掘教材的运用方式，从而科学设计教学过程。从心理学和教育学的研究结果来看，默会知识存在较强的个体差异性，学生对明确知识的接受情况就反映了自身的默会知识掌握情况。在教学过程中，教师需要从教学内容、教学方法、教学结构等方面进行深入分析，帮助学生在学习的时候有效调动默会知识，对明确知识的内容进行构建。换句话说，教师在组织教学时，需要关注以下几个问题：学生的知识基础如何，哪部分教学内容能够调动默会知识和明确知识的联结，如何平衡学生的个体差异，等等。比如，在进行英语篇目的阅读教学时，教师首先要对学生的单词、语法和背景知识的掌握情况进行摸查，从而选择合适的教学材料和有效的教学方法，在课堂上引导学生跟随阅读过程进行思考和推断。

②提供大量"理解性输入"，促进语言学习和习得

克拉申对学生语言学习过程中的知识输入展开研究，并提出"输入假设"（input hypothesis）。克拉申通过对研究结果的分析，提出"理解性输入"（comprehensible input）更有助于学生语言能力的发展，同时进一步区分了语言的"习得"（acquisition）和"学习"（learning）两个概念：习得是学生在无意识当中形成的语言逻辑，学习则是在知识教学中有意识地对知识结构的组织。克拉申还提出"学习"是统合了"习得"之后的结果，但"学习"不能引发"习得"过程。当然这一结论也受到语言学研究者的诟病，认为他对"学习"和"习得"之间关系的论断过于片面。但克拉申的研究的确为语言形成，尤其是外语教学提供了重要思路。

从"输入假设"来看，对默会知识的"习得"过程就是语言能力形成的过程，而对明确知识的"学习"过程则更强调经验的积累。克拉申在研究中充分强调了"大量理解性输入"的作用，认为当输入量达到一定程度时，学生自然就可以完成输出过程，但在输入与输出之间存在一定的"沉默期"，不同学生"沉默期"持续的时间也有所不同。

克拉申所提出的"理解性输入"并不是简单的知识积累，而是对输入内容做出了一定要求：输入的内容应是稍稍超出学生水平的知识内容，这与心理学中的"最近发展区"理论在心理学原理上有一定互通之处。学生通过对超出自身现有

知识水平的信息的接受和组织，使认知地图得到进一步丰富，从而不断进步。因此，教师的课堂教学安排需要根据学生实际情况进行设计，让学生不至于吃力的同时，也要激发其对默会知识的调动，从而收获新成果。相较于传统外语课堂中的知识灌输，"大量理解性输入"并不是生硬地传递教材内容，而是让学生主动将课堂知识纳入自己的认知结构，将默会知识与明确知识充分结合，这种学习方式更符合学生的认知发展，更有利于教学效果的提高。

二、大学英语文化教学理论与实践

（一）大学英语文化教学理论

1. 大学英语文化教学的内容

（1）语言文化

①对词和短语背后的文化语境进行挖掘，能够形成对语言文化的有效认知。比如，同样意思的短语，在不同文化语境下代表的感情色彩就存在差异。"个人主义"在中国文化环境下，总能激发人们对"自私""自我中心"的联想，存在一定贬义色彩；"individualism"在西方文化语境下，则更多代表个性解放与独立自主，是明显的积极正向词汇。

②重视对谚语背后的故事进行解读，能够帮助学生建立对语言文化的认知。谚语是一个民族在长期生活实践下形成的智慧结晶，很多谚语不仅阐释了劳动人民的生活智慧，而且表现了其所在民族的价值标准。对谚语进行解读，能够从民族价值观的角度体会语言的内在逻辑。

③注意成语典故和固定短语的文化内涵，从中分析语言文化的特点。成语典故和固定短语的形成一般都依赖于一些流传甚广的艺术形象或历史事件，这些形象或事件就是一个民族文化的缩影，也代表着这一语言的文化背景。

（2）制度文化

①西方文化的社会习俗

社会习俗也是制度文化的重要组成部分，在不同文化背景下的人们也会形成不同的行为习惯和语言特点，学习者对语言进行学习同样要关注语言中的文化元素，将语言放到社会习俗中去理解。

②日常交际礼仪

日常交际礼仪是指在日常交往过程中，人与人之间相互交往采用的礼节方式。所谓入乡随俗，就是到了某个地区，应当采用当地的交际礼仪进行日常交往，这也是现代社会全球化交际的重要原则。

（3）观念文化

①价值观念和思维方式

第一，自然观。中国始终倡导人与自然和谐相处的自然观，朴素价值观和整体思维是中国传统文化中思维方式的标志之一。在这种自然观的影响下，中国文化、思想观念、语言习惯等都带有整体统合的色彩。西方则更强调对立性，对事物进行系统分类，以逻辑方式对自然事物进行分析，这种哲学思想也在其文化中有所表征。

第二，人性。中国对于人性的讨论自古有之，性善论与性恶论的争辩从未停止。但无论是哪种观点，都是基于对人性的教化、以人性的可变性为出发点的，强调的是"人定胜天"的抗争性。

第三，思维方式。思维方式是不同民族文化之间最为隐蔽的区别，在构成文化内涵的各种要素之中，个体思维模式不仅导致了文化表征方式的差异，还影响了不同文化背景下人们的思想偏好和价值追求。

第四，人际关系。在汉语文化圈，人际关系更偏好"他人取向"和"群体取向"原则，在这种价值取向下，中国人更偏向以群体利益为先，个人利益让位于群体利益。而在西方文化背景下，人们更偏好自由主义，强调个人利益的重要性，在价值追求方面也更偏向于个体的自我实现。

②英美国家的地理和历史知识

文化的传承与变迁会在很大程度上受到其所在地理环境和历史进程的影响。很多文化现象的出现、迁移和湮灭正是对人类文明进程的反映。要想系统地学习一门语言，就要从更加客观和理性的角度对这个国家的文化和历史进行分析。这时就要鼓励学生增加阅读量、扩大知识面，从而建立更加全面的认识。

2. 大学英语文化教学的目标

微观层面：英语教学的目的是交际能力。宏观层面：英语教育的目标是社会文化能力，即运用已掌握的知识、技能对社会文化信息进行有效的加工，使人格取向更加整合、潜能发挥更充分。

英语教学不仅要关注学生对英语知识的掌握，而且要帮助学生区分不同文化背景下语言表达背后的思维逻辑，使学生在对英语学习的过程中突破由母语环境所构筑的交际习惯和思维模式，从而提高跨文化交际能力。学生的英语交流过程并不是单纯的信息传递过程，而是在不同社会规范下对个人情感态度和文化内涵的完整表达。

3. 大学英语文化教学的特点

（1）阶段性

阶段性是指文化渗透的内容应该根据学生的语言水平和接受能力，充分考虑到学生的认知能力和年龄特点，遵循由浅入深、由简到繁、由现象到本质这样一条主线，循序渐进地对文化内容进行逐步的扩展和深化。

（2）系统性

文化是一个整体，具有不同的结构和层次，因此我们在运用文化进行交流时要充分考虑到文化的各个要素和差异，对文化进行整体性的把握。

（3）适度性

适度性主要是指教学内容和教学方法的适度。文化导入是直接导入还是间接导入需要把握好分寸，分清主次，如属于主流文化的东西应该详细讲解，适时引入一些历史的内容，以便学生理解某些文化传统和习俗的来龙去脉。

（4）交际性

人们用英语进行交际时，会无意识地把自己的母语文化带入双方的交际中，这时母语文化与目标语文化就可能出现一定的冲突。为了避免跨文化交际的冲突，保持人们交流的畅通和交谈信息解码的准确性，我们在学习英语时要根据实际需要，注重对英语国家文化知识的量的积累，恰当、灵活地运用这些知识。

（5）开放性

由于文化广泛而复杂的内涵及外延，想要在有限的课堂教学里完整地进行英语文化教学是不现实的。因此，在英语文化教学中要充分利用第二课堂进行文化教学，培养学生的跨文化交际意识和能力，力图提高学生对中西文化差异的敏感性和适应性。

4. 大学英语文化教学的方法

（1）附加法

附加法指教师通过对教材之外教学资源的整理和筛选，在课堂上增加一些文化知识、社会背景等内容，以便于加深学生的理解，提高学生对课堂知识的认识。比如，组织课外阅读互动、英语知识竞赛、文化展览等。

（2）体验法

体验法可以分为直接体验法和间接体验法，主要应用于英语文化知识和语言交际能力的教学过程。直接体验法包括观看外语电影、听外语新闻、与外国友人使用英语进行交流等；间接体验法包括让学生阅读外文文献、外文名著、搜集国外历史信息等，从更宽泛的角度去体会西方文化。

（3）实践法

实践法是指让学生参与到语言教学的过程中。实践法区别于直接体验法的特点在于，学生是通过对教学过程和语言使用过程的实践，通过对教学过程的参与或观察，从教学的角度加深对语言学习的认识。课堂教学过程不再是教师的一言堂，而是教师与学生相互沟通、建立联系的过程。

（二）大学英语文化教学实践

（1）课前任务分配

上课前一个星期，教师可将学生分成四人小组，每组学生搜集一些与中西时间观念、行为观念相关的文字、图片和视频，然后整理并制作成 ppt，以备上课时使用。

（2）课堂展示

课堂上，教师可从每组中选出一名学生（或由组内成员推选一名学生）上前展示自己制作的 ppt 文稿。

该教学实践以培养学生的文化语言输出能力和跨文化交际能力为导向，遵循中西文化双中心原则，从多维度灵活设计文化教学，使文化教学不再死板，同时也极大地突出了学生的主体地位，充分调动了学生的积极性、主动性，锻炼了他们搜集信息、发现差异、分析问题的能力，最终使学生深刻认识到中西方行为观念上的差异，这必将有助于他们日常的英语语言学习，有助于切实提高他们的跨文化交际能力。

三、大学英语情感教学理论与实践

（一）大学英语情感教学理论

1. 情感教学概述

（1）情感概述

情感是一种心理结构，是人根据自身喜好对客观世界的心理评价，一般可分为心理变化和外部表现两部分。情感是感知主体对客观事物满足自身需求的内在评价和态度表现。

情感可分为消极情感和积极情感两大类。消极情感包括焦虑、愤怒、厌恶、沮丧等情绪感知，积极情感包括愉悦、兴奋、自信、乐观等情感体验。

情感的功能主要体现在五个方面：第一，激智功能，积极的情感体验能够促进感受者智能的发展，如激发人们的情感共鸣，唤起人们的美好回忆，引发人们的自由联想，增强人们对某一客观事物的认知，等等；第二，动力功能，人类的智能体系作为行为的指挥官，直接影响着各种行为的发生，而情感则是加强或减缓理性思维与行为反应联结的重要因素，强烈的情感体验能够更有效地促进行为的发生，而较弱的情感反馈则很难唤起人们的行为反应；第三，情感功能，情感是调节人体内在环境的重要心理因素，通过快乐、焦虑、急切等情感对学习过程进行影响，从而帮助学生调整学习节奏，产生情感体验；第四，感染功能，人类的情感是共同的，不同社会环境下的人们都能够产生情感共鸣，在教学过程中，教师可以通过语言、语调、表情等对情感进行表达，从而与学生构建情感联结，以情感感染学生；第五，移情功能，情感可以在不同事物之间进行转移，教师可以通过人格品质、思想道德、行为举止等在学生心中建立特有的形象，学生也会在学习过程中将这种情感体验转移到学科学习中去，这种情感的转移就是移情功能的体现。

情感态度是指人们对待情感的主观判断，主要包括积极和消极两种。积极的情感态度能够给予学生乐观、向上的情感体验，帮助学生感受学习、生活的快乐；消极的情感态度则给予学生挫败、失望的情感体验，使学生陷入沮丧的情绪之中，从而对生活萌生悲观体验。在外语学习的过程中，学生的情感态度会在很大程度上影响学习的效率和潜能的激发。国外关于外语教学过程中情感态度作用的研究发现，持积极情感态度的学生能够更高效、快速地建立学习习惯、获得学习成果。在外语教学实践中，教师需要重视对学生情感态度的调动。

（2）情感教学的定义

情感教学是指在教学过程中融入情感因素，通过知、情、意、行的联动过程，激发学生学习热情，提高课堂教学效率的教学方法。从情感理论角度来说，情感教学是指利用情感理论对教学过程进行科学设计的过程。

（3）情感教学的意义

①情感教学可以有效提高学生的英语学习效果

情感体验会直接作用于学生的感知觉，从而对学习效率产生影响。积极的情感态度能够激发学生积极思考，促使各种问题的解决，从而提高学生对课堂知识的吸收效率。反之，消极的情感态度则会占用过多的认知资源，导致学生很难将注意力投注在学习之上，从而影响学习效果。因此，在教学过程中，教师通过激发学生的积极情绪，可以有效提高学生的学习效率。

②情感教学可以有效促进学生的长远发展

学生对情感态度的体验并不是随着学习过程的结束而停止的，而是会继续向其他事物迁移。在课堂上激发学生对外语学习的积极情感态度，一方面，能够将积极情绪体验与外语学习进行深层次联结，从而帮助学生形成学习外语很快乐的印象，促进学习习惯的养成；另一方面，这种积极情绪也会迁移到学生对其他事物的体验上来，帮助学生建立更加积极的生活态度，甚至影响到其价值观念的形成。

2. 英语情感教学中存在的问题

（1）教师对情感因素的认识不够

随着我国高等教育的大范围普及，很多高校因扩招导致教学资源不足，教师的教学任务愈发繁重。为满足较大数量学生的学习需求，高校英语课程也逐渐由小班教学转变为大班教学，多媒体技术成为课堂教学的必需品。这些因素都导致教师与学生间的关联性与亲密感减弱。再加上英语课时本身相对不足，教学任务繁重，教师和学生在课堂上进行情感交流的机会也不多。以上种种导致教师逐渐忽视了情感因素在英语教学过程中的作用。

（2）学生缺乏情感意识

学生一般从小学阶段就开始接受英语教育，但受到教学环境的影响，很多学生对待英语学习更多是当作任务来完成，没有建立起那种对工具学科、交流方式的兴趣。再加上很多学生缺少使用英语的场景和外部环境，因此对英语学习并没有过多的情感投入，从而缺乏相应的情感意识。

（3）课堂缺乏情感互动

英语教学课堂受限于传统教学观念和繁重的教学任务，互动环节不足。教师即便设计互动环节，也更多的是为了完成教学任务，让学生更多地熟悉和练习课堂知识，因而大部分互动环节缺乏情感交流，很难让学生在课堂上与教师建立情感联系。

3. 大学英语情感教学的方法

（1）充分认识情感态度在英语教学中的重要性

培养学生的情感态度虽然听起来让人感到很抽象，但它无处不在，英语教学的每一个环节中都有情感态度在起作用。英语教师应在课内外教学中利用一切可以利用的机会和场合，创造出切实可行、对学生进行情感态度培养的有效方法。情感态度的培养是英语教学从始至终的任务。

（2）建立良好的师生关系

良好的师生关系对增强学生的自信心、激发学生的学习兴趣、减少学生的恐惧心理等都发挥着重要作用。因此，教师有必要注重学生的情感，与学生建立良好的关系。尽管很多的情感因素有外显的表现，但更多的情感是内在的。教师只有与学生建立良好的关系，才有可能进一步了解学生的情感，学生也才有可能愿意与教师沟通、交流。

（二）大学英语情感教学实践

教学目的：通过学习这篇文章介绍英国三个非常传统的重要节日，即复活节、五旬节和圣诞节。

教学形式：个班。

教学流程：当教师讲解完"圣诞节"这一段文章的语言点之后，为了活跃课堂气氛，丰富课堂内容，为学生创造更多机会以便充分发挥他们丰富的想象力和创造性思维能力，并能流利地用英语表达他们的想法，教师在课前准备一个有关圣诞节的故事在课上讲述，故事的基本情节是：一个五六岁的女孩在圣诞节前夕，为父亲精心挑选一份圣诞节礼物——一个精美的烟斗，当她怀着高兴的心情回家，准备拿出心爱的礼物时，母亲却告诉她："父亲已决定戒烟了。"

接着教师特意提出了下面三个问题：

（1）What do you think about the end of this story?（对于这个故事的结局你怎么看？）

（2）Can you create some other endings apart from this one?（你可以编写其他不一样的结局吗？）

（3）What can we learn from this story?（从这个故事中我们能领悟到哪些？）

教师希望学生通过对这则故事的学习，可以深切体会到文中父女之间的亲情的珍贵，从而增强学生与其父母之间的情感，增进孩子与父母之间的民主、平等和友好关系，使学生在以后可以更加关心和理解自己的父母。

四、大学英语自主学习理论与实践

（一）大学英语自主学习理论

1. 自主学习

最早对"自主学习"展开研究的学者是亨利·霍莱克，他将"自主学习"定义为"自己负责自身学习的能力"，并指出这种学习能力是内隐的，并不一定会在日常的学习过程中表现出来。学生的自主学习过程包括自主制定学习目标、自行选择学习内容、调整学习进度，采用更适合自己的学习方法，并对学习过程进行自我监督、对学习结果进行自我评估。

另一位美国心理学家齐莫曼通过对已有研究理论的分析提出，学生的学习过程需要行为、动机和元认知的参与，而学生自动调动这三者的过程就可称为自主学习。迪金森也对"自主学习"作出定义，他认为"自主学习"更多强调的是学习者对学习过程的责任，由学习者自己负责学习过程中的各项活动就是自主学习。自主学习并不只体现在学校教育过程中，更多强调的是一种独立学习的能力。

2. 自主学习的意义

（1）弥补了教学现状的不足

自主学习能够有效弥补我国现阶段学校英语教学的不足。从小学到中学，学生习惯了教师包办教学活动，英语学习过程往往是由教师在前面牵着。到了大学，部分学校依旧采取传统教学方式，学生的自主性得不到有效体现。强调自主学习的重要性，就是要转变传统教学模式，让学生自主选择学习内容、学习方法、学习进度，自己负责学习过程，从而建立个人学习习惯。英语作为一门语言学科，只有充分调动学生的主动性和自主性，才能真正使学生的语言交际能力得到有效锻炼。尤其在大学阶段，学生学习成果的衡量不能再单纯依靠期中、期末的试卷成绩，而要从更宽泛、更全面的角度去评价学生的语言能力、交际能力。而自主学习无疑是推动学生能力发展的有效办法。

（2）顺应了科技发展的要求

自主学习不仅是英语学科的要求，而且是时代发展的要求。随着计算机技术和互联网技术的普及，学生获得知识的途径和方法逐渐多样化。信息爆炸的时代，限制人们进步的不再是知识资源，而是吸取知识的能力。学生只有建立自主学习习惯，具备自主学习能力，才能更好地适应时代的发展，从而构建终身学习的学习观，为未来发展奠定基础。

（3）满足了终身教育的需要

终身教育的观念自古有之，但直到信息时代这一愿景才逐渐成为人们日常工作和学习的现实。各种新知识、新信息、新变化成为影响人们生活、社会生产的巨大因素，要想适应这个时代，就必须建立起终身学习的意识，积极吸收周围的最新信息，不断丰富自我认知。这既是时代给予人类个体成长的机遇，同时也是对人们适应现代社会发出的挑战。学生作为即将步入社会的新力量，需要在学习阶段就不断建立终身学习的观念，培养自己自主学习的能力。唯有未雨绸缪，才能在处理未来工作、学习和生活中遇到的问题时得心应手。

（4）实现了个体的长远发展

自主学习本身就是对个体主观能动性的强调，对自主能力的培养除了对外部世界的适应，更重要的是对自身心理结构和情感态度的改变。学生自主学习能力的建立，不仅会对英语或其他任何单一学科的学习产生影响，而且会对其对待新事物的态度产生巨大转变。从这个角度看，自主学习能力无疑是影响学生个人发展的重要因素，培养自主学习能力能够帮助学生在对待其他事物时迅速形成理性认识，有利于积极情感体验的产生，从而有助于学生的长远发展。

3. 自主学习的特征

（1）自主性

在自主学习中，学生不再是被动的知识接受者，而是在教师的指导下自己进行探索的独立学习。自主学习教学模式中的学生可以按照自己的方式学习英语，由被动接受知识变为主动获取知识，可以在学习中运用英语知识、技能解决实际问题。

（2）能动性

自主学习要求学习者自觉从事学习活动、自我调控学习，其最基本的要求是主体能动性。与各种形式的他主学习不同，自主学习不是学生在外界的各种压力和要求下被动地从事学习活动，或需要外界来管理自己的学习活动，而是学生积极、主动、自觉地从事和管理自己的学习活动。

（3）创造性

在自主学习中，每个学生都是独特的自我，个性特征鲜明。在这种教学方式中，教师注重对学习方法的传授，提纲挈领地向学生介绍学习内容，培养学生主动学习、创新学习的精神，引导学生学习，主动进行探索，善于发现。学生的学习目的是创造性地激活已有的知识体系和创新的知识体系之间的联系，并进一步完成知识的再创造，而不是简单复制学习内容；学生也不再是简单复制学习过程，而是在管理自己。

（4）有效性

在某种意义上，自主学习就是采取各种调控措施使自己的学习达到最优化的过程，这是因为自主学习的出发点，以及自主学习的目的是尽量协调好自己学习系统中各种因素的作用，使它们发挥出最佳效果。

（5）开放性

自主学习是一种开放的教学方式，包括教学内容的开放、教学目标的开放、教学时间的开放、教学空间的开放、教学设计的开放、教学方式的开放、教学组织形式的开放、教学管理的开放及教学评价的开放。自主学习的开放性使学生在教师的宏观指导下不仅可以自主选择学习的时间、地点，而且可以自主确定学习目标、学习内容、学习方法及学习计划，还可以自主进行学习反馈、评价，并且对自己的学习负责。

4. 自主学习的影响因素

（1）智力因素

语言学习的智力因素主要包括语音编码能力、语法敏感能力、语言学习的归纳能力、语言记忆能力等。语音编码能力是指通过听觉对语音进行识别，并将其与记忆中的单词形象和意义建立联系的能力；语法敏感能力是指对语句结构的识别能力；语言学习的归纳能力是指对语言规则、篇章布局的理解能力；语言记忆能力是指对词汇、表达、语言逻辑等的记忆能力。

（2）非智力因素

非智力因素一般包括学习态度、学习动机和学习能力三个方面。

学习态度是指学生对学习过程的情感体验及对自身学习能力的主观评价。学习动机是指学生希望参与学习过程的内在需要。它会在很大程度上影响学生的学习行为。学习能力具体包括制订学习计划、调整学习进度的能力，筛选学习材料、学习内容的能力，安排合理学习计划的能力，监控学习计划执行的能力，评估学习结果的能力，等等。

（3）教师

教师是影响学生自主学习能力建设的重要因素，教师的引导作用、教学理念、日常鼓励、教学方法等都会在很大程度上影响学生对待英语学习的态度。优秀的英语教师可以给予学生积极、正向的情感体验和鼓励，使学生获得有效的情感支持和价值观引导，从而激发内部动机，引导自主学习行为的产生。同时，教师的教学活动也可以有效帮助学生建立自主学习习惯，教师的及时引导、适时鼓励能够有效促进学生自主学习能力的培养。

5. 自主学习现状

（1）自主学习的意识淡薄

虽然自主学习能力已经受到教育界的一致肯定，并在英语教学过程中得到有效重视，但由于传统教学模式的惯性，很多学生难以将长期以来的学习习惯迅速转变过来，在学习过程中依旧对教师存在依赖性，自主安排学习计划、选择学习内容的能力较弱,甚至意识不到自主学习的重要价值。教师教什么,学生就学什么的现象仍相对普遍。

(2)未掌握自主学习方法

自主学习的落实不仅需要教师和学生具备相应认识,而且需要学生掌握相应的学习方法。而英语学科的自主学习并不是单一的知识积累,而是要将理论知识与实践经验相结合,充分调动学生的语言思维,培养交际能力。在这个过程中,学生的自主学习不仅要涵盖对文本知识的掌握,而且要学会制订实践计划、总结实践经验。从目前学生英语学习的实际情况来看,绝大部分学生存在方法缺失的问题。

(3)缺乏自主学习的氛围

课堂学习发生在英语课堂之上,学生有同伴的陪同、教师的引导,可以迅速地融入到学习氛围之中。但自主学习的场所却更加宽泛,可以涵盖任何场景,这就要求学生深入分析自身实际情况,发现适合自己的学习方法、学习场景、学习氛围,从而建立自主学习计划。目前学校环境下,学生自主学习的氛围仍不浓厚,很难对学生产生影响,大部分学生难以克服外在诱惑,投身学习之中。

(二)大学英语自主学习教学实践

1. 导入

教师(书掉到了地上,对学生 A):Can you pick up the book for me,please?

学生 A:Yes.Here you are.

教师:Thank you.

教师(对学生 B):I want to draw some pictures.Can you lend me your color pen?

学生 B:Sorry,I can't.

教师(向学生展示一些表示请求和相应回答内容的图片):We learned some ways to ask somebody to do something for us and their possible responses.

Now,can you try to make some dialogues according to the pictures I show you?

Make sure to use the pattern we just learned.

(教师向学生出示一张借用文具的图片)

教师:Any volunteers to make a dialogue according to this picture?

学生 C：Can you lend me your pen?

学生 D：Yes. / No.I'm sorry.

学生 E：Would you lend me your eraser?

学生 F：No.I'm sorry.

（教师向学生出示一张文具掉在地上的图片）

The students are asked to make dialogue according to the previous one.

学生 G：Can you pick up the pencil for me?

学生 H：Yes.of course. / Sorry.I'm busy now.

2. 呈现

（1）Listen to the tape.

（2）Practice：The students are asked to read the key phrases and sentences.

例句：A：Would you mind turning the stereo down?

B：Sorry.I didn't realize that.

（3）向学生展示几张图片，并用句型 mind doing 组织几组对话，使学生掌握 mind doing 的用法。

（4）学生以小组为单位自主创设情境，组织对话。

（5）巩固。

①让学生将一些请求方式与相应方式画线连接起来。

②听几组小对话，并做相应的填空练习。

3. 练习

（1）先组织学生观看录像（幽默短剧），然后根据录像中演员的表情动作做一些对话表演。

（2）Group work：让学生用所学的请求及回应方式做以下练习：

Group 1：To our teacher.

Group 2：To our parents.

Group 3：To our next-door neighbors.

Group 4：To our schoolmates.

Group 5：To some people in the street.

第三章 大学英语课堂中英语思维能力的培养

英语思维向内看是一种思维方式，向外看是一种表达习惯。形成英语思维是学好英语的重要前提，因此在大学英语课堂中对学生的英语思维进行培养具有重要的意义。本章主要围绕英语思维的概念、发展状况，英语思维能力在教学中的培养及英语思维能力培养视域下的英语教学改革等方面进行介绍。

第一节 英语思维的发展概述

一、英语思维的概念

英语思维是一种语言思维，我们首先应该明白如何对其进行界定。

（一）语言思维

语言思维是人类文明发展到一定阶段的产物，同时也推动了人类智慧的进一步发展。语言相比其他动作思维、形象思维等更具抽象性和进化学意义。语言思维催生出各类抽象概念，使人类可以通过更加简洁、便利的方式进行交流，正是这一思维方式的出现为人类思维容量的扩充和思维能力的提升提供了条件。到了现代社会，语言思维更是作为逻辑思维的基础，影响着人们概念理解、行为判断、逻辑推理等抽象思维活动的正常开展。尤其对基于词语理解进行的概念思维，这两者在思维模式、思维空间的占据方面存在较多的重合，但是，在语言思维的过程中，符号的音、形、义有机地整合在一起，产生关联，形成字、词语、语句、语段及言语，从而使交际功能得到有效实现。

语言思维也反映着人的语言心智属性，换句话说，语言能力的高低反映了人心智水平的发展阶段。所谓心智，即英语所说的"mind"，指人的头脑及心理和智力，不仅包括头脑对客观现实的反映，而且蕴含着人通过对外界刺激的分析和整合，形成的主观认识、做出的行为反应等，如记忆、想象、判断、语言反馈等。之所以说语言在本质上是一种心智行为，是因为按照生物学的解释，语言是人头脑中的第二信号系统，更重要的是，现代心理学通过对语言、思维、智力与认知结构的研究，揭示了人类语言与认知发展的重要联系。离开了心智，语言就是无根之木，无源之水。

在传统语言学研究文献中，很少有学者关注语言思维的概念界定，尽管在现代语言学与信息学、传播学、语言教育等领域经常会提及语言思维，甚至国内有部分学者专门就学生语言思维训练展开过教学实验，外语教学中更是多次运用语言思维进行理论分析，但对于"什么是语言思维"的明确界定极少。通过对各领域学者关于语言思维的论述进行总结，可以从三个方面对其概念进行简单概括。

第一，语言作为语言思维的工具和外壳，其本身也蕴含着人类的心智活动，代表着一定的思维类型。换句话说，语言系统本身具有规律性，尽管会受到心理活动、思维方式的影响，但同时也具有相对独立性，会按照一定规则运行。而语言思维是依托语言进行的思维活动，既以思维的方式代表人体的主观思维，也按照语言系统进行组织和架构。无论对于人类个体，还是对人类种群而言，语言思维都有其独特性和价值性，语言思维是人类思维方式进化的成果，也为人类文明的前进和文化的积累提供媒介。

第二，语言思维是以意义表达为目的，对语言进行组织的过程。其心理过程与概念形成、推理判断等有相似之处，但在抽象性和指代性方面存在很多不对应的地方。比如，同一个抽象概念可以有不同的语言表达方式，背后也有着不同的语言思维方式。以"白"为例，在汉语思维中既可以围绕"白"所代表的色彩进行构词，形成"雪白""灰白""银白"等词语，也可以从"白"所内含的"徒劳无功"这一意象进行构词，形成"白瞎""白工""白费"等词语，这两种不同构词方式背后的思维活动是完全不同的；而在不同文化背景下，人们对于"白"这一个词的引申方向也是不同的，在英语思维中就不会单纯由"白"（white）这个词，引申出"灰白"（grey）或"白费"（waste）等表达。

第三，语言思维可以分作母语思维和外语思维。母语思维，就是在原生语言环境下形成的语言系统中进行的语言思维活动；外语思维，就是在其他语言环境下所进行的语言思维活动。针对这两者区别的研究较多，很多学者从思维方式角度对外语学习的相关原理进行论证和分析，有学者基于此提出学习外语的时候应"在外语使用过程中直接使用外语，而不要经过母语的转换、翻译"。

以上对母语思维和外语思维的界定，都是从思维方式角度对语言思维进行的分析，同时进一步明确了语言系统是一种相对独立、具有自身规律性的心智活动，而不是之前人们认为的只是思维的直观反馈。在不同文化背景下，语言思维具有其独特的运行规律，同时带有民族文化的烙印。比如，在汉语环境下，汉语语言思维存在明显的轻表层结构，常用具象词汇表征抽象语义；在英语环境下，英语语言思维则更注重表层结构的统一性，具象词汇更多代表物象本身，抽象语义由专门的抽象词汇来表征。但同时，不同语言体系下，语言思维也存在不容忽视的共同点，如语言思维的模糊性、意义预设性等。这些特性不仅存在于汉语和英语体系中，而且在其他绝大多数语言系统中都可以寻见端倪。对不同文化环境下的语言之间的差异性与相似性进行研究，能够给语言交流和转换带来诸多有益思考，从而解决语言翻译和文化交际活动中可能遇到的部分问题。但从目前的研究进展来看，仍需要更多学者的重视和努力。

另外，语言思维另一个经常被人所忽视的特点是其物质性。任何语言思维都需要借由语言表达出来，而语言的表达则需要以声音为物质外壳。一般来讲，语言思维指导语言的组织过程，并指挥发声器官将其表达出来，但从心理学研究结果来看，发声器官的活动也会逆向影响人的思维活动。从这个角度来看，从语音入手对学生开展语言教学也有其科学性。

（二）英语思维

"英语思维"经常出现在英语教学的课堂上，教师经常会要求学生用"英语思维"来进行英语学习、处理英语对话，只有从思维方式出发才能真正学好英语。英语从语系来说，属于印欧语系、表音文字，即英语词汇的语义是由其发音决定的，而不是由字形来表征。这与汉语的表意性存在较大差异。在英语教学中的英语思维是指学生随时随地都使用英语来进行语言组织和思维表达。虽然英语是世界上重要的国际通用语言，但在我国，学生普遍缺乏语言环境，要想让学生像学习母语一样，对英语形成本能的条件反射很难实现。同时，很多英语教师并不能完全对英语思维和汉语思维进行区分，并且对如何建立英语思维、建立什么样的英语思维始终难以形成可操作的行为规范。

因此，在英语教学过程中，教师应帮助学生建立语言与思维、英语与英语思维间的联系。英语的语言表达与英语思维是紧密联系的，语言表达与语言思维是一件事物的一体两面，同时语言表达也是刺激语言思维产生最适宜的工具。语言学专家连淑能指出，中西语言思维方式存在以下差异：伦理型与认知型、整体型与分析型、意向型与对象型、直觉型和逻辑型。

从认知学角度分析，英语连句语义的合成是通过认知网络和节点来实现的，将认知结构中各个概念进行分解，并将这些分解出的子概念用节点来表示，在这个系统下任何概念都是一个或以上概念的集合，而语言就是在这个概念网络的基础上组合而来的。以认知语义学的观点来看，英语连句组织过程中概念网络活动就是对英语语系中关系词的凸现结集（connective-prominent nexus）的过程，语义表征的过程就是通过关系词的外显标记来实现的。在英汉互译时，要时刻注意两种思维模式的互换，才能做到行文的流畅和表意的准确。

第一，由关系词凸现结集转化为动词凸现结集。

英→汉

例句1：She did not remember her father who died when she was three.

她三岁时父亲去世了，她记不起他了。

例句2：The isolation of the rural world because of distance and lack of transport facilities is compounded by the paucity of the information.

由于距离远且交通工具缺乏，农村社会与世隔绝，这种隔绝又由于通信工具不足而变得更加严重。

例句3：I was on my way home from tramping about the streets, my drawings under my arm, when I found myself in front of the Mathews Gallery.

我挟着画稿在街上兜了一圈，回家的路上无意中发现自己逛到马太画廊的门口。

例句4：Petra had become the leader of the girls as soon as she snapped out of her original depression at coming to Prague.

佩德拉到布拉格来，原是满怀抑郁，如今开心起来，就立刻成为女孩子们的领袖。

第二，由动词凸现结集转化为关系词凸现结集。

汉→英

例句1：他五岁的时候生了一场伤寒病失聪了。

He became deaf at five after an attack of typhoid fever.

综上所述，英语思维模式的特征可以归纳为三大点。

1. 关系词凸现结集

汉→英

例句1：小汽车迂回盘旋，穿过村庄爬越峡谷，沿着一条因解冻而涨水的小溪行驶。

The car wound through the village and up a narrow valley, following a thaw-swollen stream.

例句2：约翰被他父亲逼急了，也就顾不得老婆的叮嘱，说出了事情真相。

Hard pressed by his father, John told the truth in spite of his wife's warning.

从以上的例句中可以看出，英语中以关系词为中心的概念结构与汉语中以动词为中心的概念结构形成鲜明反差。

2. 不按时间顺序或逻辑顺序搭建概念结构

例句1：由于四十年最亲密的友谊和思想契合，恩格斯对马克思学说的意义比任何人都了解得彻底。他就是以这四十年所给他的资格和信心说了这些话的。

Engels spoke with the authority and confidence, born of forty years' closest friendship and intellectual intimacy, during which he had grasped, as no other man had, the full significance of Marx's teachings.

例句2：有个叫毛满珠的哑女，翻过重山来找王斌，她痛苦地做着各种手势，要求能得到帮助。

There was a dumb girl called Mao Manzhu, who travelled over ranges of mountains to come to Wang Bin. With various painful gestures, she begged for Wang's help.

3. 严格遵循英语思维的运行规律

严格遵循英语思维的运行规律，不受汉语词语在结构配置上的制约，突破词性、词义和词序整合而成的框架，并力求语言精练，言简意赅，用词精当，文字得体。

汉→英

例句1：就是那边那个人——我敢拿脑袋打赌。

That's him over there—I'd stake my life on it.

例句2：他是在装疯卖傻。

He was just acting crazy.

严格遵循英语思维的特征可以细分为三点。

（1）语义解码（meaning decoding）

只有在确切地把握住句子结构的意义上，才能生成正确的概念结构。

汉→英

①借题发挥（a critical comment made about somebody or something;a sideswipe）

例句：他的讲话不错，可他还是忍不住借题发挥攻击了对手。

It was a good speech,but he couldn't resist taking a sideswipe at his rival.

②生不逢时（used to say that one fails to live,work,etc.in an easy and natural way with the society）

例句：我有时觉得很寂寞，好像生不逢时。

There were times when I was lonely and felt like I didn't fit in.

③主动请缨（to offer to do something without expecting any reward;volunteer to do sth.）

例句1：他们决定主动请缨参军。

They decided to join the army on their own initiative.

例句2：他们主动请缨参加救援队伍。

They volunteered their services to the rescue workers.

④泰然处之（to not allow sth.to annoy,embarrass,or upset you;take sth.in stride）

例句：他对我的批评泰然处之。

He took my criticism in stride.

（2）语义表达

语义表达主要指思维模式在句子结构上不受汉语词语的制约，摆脱汉语思维模式的干扰，并力求表达方式生动形象。

汉→英

①豪言壮语（brave words, often ones that are meant to seem impressive to other people; heroics）

例句：记住，说起话来别那么豪言壮语，只要到那儿去干我们的活儿就行了。
Remember, no heroics, we just go there and do our job.

②无名英雄（used to say that a person is not praised or famous but deserves to be so; an unsung hero）

例句：美国总统奥巴马感谢教师甘当无名英雄。
President Obama thanked teachers for being unsung heroes.

③打乱阵脚（to make someone unable to do sth. effectively by not allowing him or her to give his or her attention to it; knock / throw / keep somebody off stride）

例句：为了打乱民主党的阵脚，总统提出了几个限制政府补贴的建议。
In an attempt to knock the Democrats off stride, the President offered several proposals to limit government subsidies.

（3）语义联想（semantic association）

语义联想指概念结构的联想，细分为同义（或近义）联想、反义联想和关联结构联想。

①同义（或近义）联想

例句1：It is your responsibility as well as ours.
这是你的责任，也是我们的责任。

例句2：It is as much our responsibility as yours.
这既是我们的责任，也是你们的责任。

例句3：It is both our responsibility and yours.
这是我们和你们共同的责任。

②反义联想

例句1：His illness disabled him from pursuing his studies.
他的病使他无法继续学业。

例句2：His recovery enabled him to pursue his studies.
他的康复使他得以继续学业。

③关联结构联想

例句1：Three builders put in（or submitted, made）tenders for our new garage.

三家建筑公司投标承建我们的新车库。

例句2：Firms were invited to tender for the construction of the new motorway.

各家公司应邀投标承建高速公路。

例句3：Our company has won the tender for the new sports complex.

本公司中标承建新体育中心。

综上所述，可用厚积薄发加以概括。人脑中储存的概念结构越多，汉译英的质量越高。关键之关键是手勤口勤，反复实践，不断丰富和充实思维模式。

二、英语思维的发展

真正的英语思维是不断学习升华、去伪存真的结果。英语思维培养的目标在于让学生形成本能地使用英语进行表达的思维习惯。但从本质来看，英语思维的培养还是对学生思维方式的发展。思维存在广义和狭义之分，广义的思维泛指人脑中各种导致认知变化的行为，既包括直接反映客观事物的形象思维，也包括人们通过认知系统对各类新信息进行整合分析的逻辑思维。而狭义的思维只指后面一种。思维过程按照认知理论来讲就是对信息的接收、加工、存储与提取的过程，是人脑在原有认知结构基础上对新获得的信息进行分析、整合、判别、处理、表达等的过程。思维方式虽然对人们来说看不到、摸不着，但直接影响着人们的言行举止。思维方式本身是非物质性的，但无论是引发思维活动的现实刺激，还是思维活动发生的大脑皮层，或是思维活动直接引发的行为，都是物质性的。思维就是物质与非物质的有机联结，同时也受到物质和非物质双重因素的影响。

自然界中的任何信号在进入人类思维之前都需要借助人类的视觉、听觉、触觉、嗅觉、味觉等感官系统，这些外界刺激经由感官系统的处理变成能够为大脑接收的信息。大脑通过思维活动对所获得的信息进行处理，作出行为决策，从而指导人体活动。纵观人类语言文明的发展历史，正是由于外部环境的不同，不同地区人们接收的自然信号不同，由此形成的行为习惯、思维方式也有所不同，同样的语言体系也存在巨大差异。例如，在原始时代，中国先民就开始使用结绳的方式对某些事件进行记录，美索不达米亚地区的先民则使用芦苇秆在泥板上刻画的方式来进行记录。这些不同的记录方式一方面说明了人类生存环境的差异，另一方面也表现了人类思维方式的不同。同时由于原始时代交通不便利，各地区的人类文明只能在所在地附近发展、演进，经过长时间的独立演化，各地区逐渐形成了不同的文字、语言、思维习惯。

人类文明的传承与积累是依赖于符号系统的，符号系统在进行知识传递的同时，也给人们的语言体系带来深刻的影响。符号语言点、线、形是我们语言的三要素，语言是我们思维的工具，我们的大脑使用的元语言结构和模式也就形成了我们大脑思维的基本模式。而思维模式的发展与我们所处环境、文化演变方向等密切相关。汉语表达方式和中华文化形式与其他各种语言、文化存在差异，就是因为中国所处世界的位置不同，中华民族应对世界变化的态度不同。但语言表达和文字表征的发展方向存在一致性，语言和文字本身都是为了更便捷、更有效、更实用的交流而发展起来的。不同的语言文字发展路径，也使我们人类产生不同的文化、习惯等。但正是这样，才进一步地丰富了我们的大自然，丰富了我们人类的生活、文化及科技的发展等。

语言思维究其本质也是人类意识活动的一种，思维就是对人类脑中神经系统的统合运用，如果人的大脑中储存了足够多的知识经验，那么在应对外部变化时，思辨过程就会更加科学、更加高效。这也是学习的意义所在。人类大脑通过感觉器官对外部刺激做出反应，再将新得到的刺激信号与原有认知结构相联结，构建更加完整系统的知识体系。尤其在信息爆炸的信息时代，及时更新知识系统、更新思想观念，对我们跟上时代脚步、适应时代发展具有重要意义。语言思维作为人类思维的一种，同样需要不断更新，只有让大脑不断吸收新知识，纠正不科学的认知，形成正确判断，才能使自身知识经验不断积累，在语言学习上取得更多成果。

思维本身就带有思辨的性质，它不断从思考、反驳、论证的过程中矛盾前进。哲学中的物质与意识、存在与认识等都是辩证统一的，思维作为认识的手段和结果，也是在不断实践的过程中向前发展的，同样符合事物发展的客观规律，即螺旋上升、辩证向前的规律。思维的发展过程就是个人认知与自然经验不断在从不平衡到平衡，再到新的不平衡、寻求新的平衡的过程中动态发展。掌握了这些，我们就可以很好地把握什么是思维，怎样思维，思维的特点，以及思维的运动原则。这样我们就能更好地应用思维，开发我们的潜能，有效使用我们的大脑机制，为我们的生活工作服务。当然，掌握了思维，就能更好地使用语言，组织语言，在不同时间、不同环境、不同地方，用科学的思维方式组织语言，达到我们所想要达到的效果，这非常有益于我们的工作、生活、学习等。

思维作为指导人们行为的直接力量，本身应是具有效力和能量的，可是如何对思维的能量进行表征呢？美国心理学家大卫·霍金斯对此展开了研究。经过30多年时间的观察、实验，霍金斯发现人类所有意识都带有不同程度的能量，能量不同的意识所能感染和影响的人群也是不同的，从能量强弱来看，思维越圆满则思维所具有的能量越强。换句话说，就是思维越具科学性，就越能影响更多的人。语言思维作为联结语言和思维的桥梁，不仅是人类交际的工具，而且是人们对心理活动进行剖析、交流、开发的途径和方式。

人类的思维过程会使用许多符号作为表征工具，在符号的帮助下进行思维的组织和意识的架构。语言是人类意识与符号形式的统一，是声音系统与表意形象的统一，是语言与思维的统一，从这些内涵的角度来看，人类语言系统就是由多层思维系统共同构建起来的复合体。不同语言间存在的交流困难，并不是意象表征的隔阂，不同语言环境下人们的思维方式虽然不同，但对客观事物的认知存在统一性，语言是对客观事物和个体思维的描述，这些都不会造成认知困难。在学习和接受语言时，也应把握这个中心，对所要理解的语言进行深层次分析，具体探寻语言的实物表象。如今，随着世界多元化发展程度的日益加深，人类文明的交流空前频繁，语言作为交流的重要工具是现代人无法回避的。无论是哪种语言，在当前时代都已经成为人类语言体系的一员，不同语言也在相互吸收、互相促进，在推动人类文明前行的同时，自身也在积极发展。这是人类社会发展的客观需要，也是世界发展的必然趋势。

第二节　英语教学中思维能力的培养

一、英语教学中整体思维能力的培养

认知理论认为，英语思维的建立一般可分为两个阶段。在第一阶段，学生要

做的是理解和记忆；教师借助教学材料，要求学生理解并记忆其中的知识点，知识点内容一般包括字词、句子、文化知识等。到了第二阶段，学生需要借助上一阶段记住的内容，完成对知识的应用、分析、评价和创造。相较于第一阶段更侧重思维感知部分，第二阶段包含的思维活动更多，对学生思维能力和语言能力的锻炼也更加关键。

英语思维能够帮助学生保持英语学习状态，提高学生学习英语知识的效率和接受程度，能够促进学生英语能力的形成。但教师同样要意识到，思维培养是一个很难直接观察到成效的、需要循序渐进的过程，培养思维能力最好的方法就是营造"浸入式"的学习氛围，让学生能有更多时间置身英语环境之中，通过自然语境环境引导学生参与到学习中来。以下是几种经常被使用的教学方法：

第一，通过英文影视作品营造英语对话环境。多媒体技术已经基本覆盖全国高校的英语课堂，教师可以借助多媒体技术播放一些在学生群体中较受欢迎的影视作品，利用其中片段组织对话练习。学生可以根据课本知识组织对话内容，也可以根据影视作品内容练习对话反应，通过原汁原味的语言表达，让学生感受真实的语言环境，加深对英语交流的印象。在影视作品选择方面，教师应兼顾语言学习与影视作品质量，目前较受欢迎的英文影视作品有《老友记》(*Friends*)、《生活大爆炸》(*The Big Bang Theory*)、《绯闻女孩》(*Gossip Girl*)、《纸牌屋》(*House of Cards*)等，这些影视作品制作精良，不仅故事情节能够吸引学生，而且在台词方面也颇具鉴赏性，可以作为学生英语学习的有效素材。通过对英文台词的模拟和记忆，学生不仅能够提高自身口语表达能力，而且可以加深对语言表达与思维方式之间联系的思考。

第二，打通影视作品和纸媒之间的界限，借助影视作品帮助学生阅读名著，加深学生对英语语言环境的印象。面对厚重的英语名著，即便对文学再感兴趣的学生也会心生退意，而且单一的书本阅读也很容易引发学生的厌烦情绪。在这种情形下，教师可以在学生阅读前或阅读过程中，通过播放相关英文电影的方式，帮助学生增加理解名著的途径，也增加了阅读的乐趣。学生也可以通过对影视形象与文学形象的对比，进一步深化对英语文化环境的理解，从而建立更加形象的语言思维体系。比较经典的名著素材有《傲慢与偏见》(*Pride and Prejudice*)、《音乐之声》(*The Sound of Music*)等。

第三，将英语学习与专业知识讲解联系起来，在英语课堂上实现全英语教学，有条件的学校可以针对英语专业学生采取全学科英语授课，其他对英语要求较高的学科也可采取这种方式，提高学生英语学习能力。全英语教学能够有效地为学生营造英语学习氛围，帮助学生更好地沉浸在英语交流的环境之中。同时在全英文授课环境下，教师也能够更好地引导学生沿着英语语言习惯进行思考，练习表达。使用这一教学方式，教师要允许学生犯错误，鼓励学生克服各种困难，跟上教师的教学进度和思路，不断适应新的教学环境。同时教师要允许学生采用各种方式寻找答案，鼓励学生之间展开讨论，科学把握教学进度。

第四，组织英语朗诵、英语歌唱比赛，让学生通过更多的英语表达形式加深对英语的认知。诗歌和歌曲，与影视作品、小说、日常对话相比，在语言精练程度上存在较大差异，几乎可以说是一门语言中最抽象的表达方式，诗歌和歌词中的用词也凝结了创作者更多的思维智慧。对诗歌和歌词进行鉴赏，学生能够切实体会到英语的魅力，也能够更真切地感受到英语思维。同时在音律、音效的衬托下，学生在对诗歌进行朗诵、在演唱英文歌曲的时候，能够通过对创作者内心情感的体会，加深对诗歌和歌词中各种表达方式的印象和思考。而这个过程正是锻炼英语思维的过程。

第五，通过课外活动或作业布置，让学生形成听英语新闻的习惯。英语新闻是最具时效性和传播力的英语表达方式，也是对外国事件的最真实反映，这是营造英语语言环境、培养英语思维的理想素材。同时，前面四种教学方式更多侧重学生的阅读和表达，而听新闻则是对学生听力的强化和锻炼，新的输入渠道能够让学生形成更完整的学习体验，这对学生的思维培养具有重要意义。

二、英语教学中语言思维能力的培养

中西方行为习惯、思维方式存在较大差异，反映在语言方面就是语法习惯、表达方式的不同，这也是影响中国学生英语学习的重要原因。学生要想实现地道的英语表达，除了要积累更多英语基础知识，还要从文化角度、词源系统等方面对英语表达进行深入分析。对于英语教师而言，帮助学生建立英语思维，实现在汉语思维与英语思维间的自由切换，也是英语教学的重要内容。

思维与语言是密切关联、相互影响的。语言是思维的载体，是对思维的表达；

思维是语言的内在规律，是对语言结构、语言内容的有序组织。思维通过语言进行培养，语言借助思维丰富内容。同时，思维和语言都是文化的反映，不同文化背景、社会结构下，思维方式和语言习惯也存在巨大差异。构建语言思维，并不能摒弃母语习惯，而应从加强文化对比的角度，通过分析两者的异同，实现两种语言习惯的切换，将母语思维的经验迁移到外语学习的过程中去。

（一）英语语言思维方式的差异

在语言表达方面，英语与汉语的差异主要表现在以下几个方面：

第一，汉语表达更擅长螺旋形辩证思维，英语表达则更注重直线型思维。受到中国古典哲学思想的影响，"先整体后部分""先大家后小家"的思想在汉语表达方面也体现得尤为明显。在写作方面，很多作者都是先从整体把握叙事逻辑，然后再进行谋篇布局，填充内容，使整个文章呈现聚集式结构。在说话方面，也是先从外围开始进行整体谋划，自整体架构开始逐渐引入要谈论的主题上来，呈现出螺旋形结构。在语言思维方面，同样是先形成准确句意，然后根据自己的认知、感受、思考等向其中加入修饰成分，形成表意完整、情绪饱满的句子。与之相对的，西方人更注重逻辑推理和直线思维，习惯于从具体事件出发向上归纳出整体认识。西方逻辑思维体系是基于"提出问题—分析论证—得出结论"的基本模式的，在文章的谋篇布局、思维模式和语言表达方面都呈现明显的线性。

第二，在汉语环境下人们更擅长形象思维，这与汉语的表意性脱不开关系，对汉语中的各种词语进行分析，也可以发现其中所代表的形象思维。比如，"雪白""冰凉"等，都是通过前面的一个实物来加强对后面中心词的程度，这几个词如果按照原意用英文进行翻译就是"as white as snow""as cold as ice"，由此可以看出汉语词汇本身就内涵了形象性的内容。不仅在词汇中存在形象思维现象，在语句表达中，汉语的这一特性更加突出。比如，"我自己在上海居住，但由于工作原因，在前两年的时候搬到了北京，就住到了现在这套两居室里"，这句话只在开头使用了"我"作为主语，之后都是围绕"我"的生活展开描述，形成了一幅完整的生活图景。但在西方表达习惯下，人们更注重表达形式的逻辑性，而不是完整性。对这句话的表达就变成了"I live in Shanghai myself,but for work reasons,I moved to Beijing two years ago,and now I live in this two-bedroom apartment."。从内容上看似乎没有区别,但在感受上,英语表达明显更侧重时间的连贯性而非生活图景的横向展示。

英语表达模式下,表转折、承接、因果的连词较多,形态变化也更加丰富,尤其强调动词时态的变化。很多学生不习惯这种表达模式,对时态的理解不够到位,经常在英语写作过程中出现错误。另外,英语表达更注重形式结构的完整性,任何句式都需要遵循基本的语言结构,比如,汉语中说"下雨了",在英语表达中就必须对主语结构进行补充,写作"it's raining."。英汉表达方式的不同,经常会导致英语句子中出现很多在中国学生看来不必要的成分,如形式主语、形式宾语、连词等,这就会给学生的长句分析带来很多困难。比如,"Let's go home, as it is late."中的"as"就是为了保证这一句话自身的独立性而加入的连词。在这种情况下,如果不想出现这样的成分,则需要将其拆分成两句话:"It is late. Let's go home."。也就是说,英语表达是通过"形"来驱使"意"的表达,更强调表达的规则性和形式性,而非"形式"为"句意"服务。教师在教学过程中需要从更宏观的角度,引导学生了解中西方思维模式的差异,从而有意识地对英语思维模式进行模仿,熟悉英语表达习惯。

第三,形合与意合。这主要是指在汉语表达中经常会有一些"只可意会,不可言传"的表达,这一点在诗歌中经常出现。汉语更重"意合",而并不追求"形似",就像国画的留白与泼墨一样,汉语表达更侧重"意思""意义""意境"的传达,很多内容并不会直白地用词语表述出来。而英文表达则更侧重"形合",注重英语表达形式上的完整性,要表达的意思也需要用准确的词汇进行说明。除了语句表达方面的差异,在谋篇布局方面英文表达则通过各种连词、关系副词、介词等,表现句与句之间的连贯性,表达段落与段落之间的接续性,突出前后文章的逻辑衔接;而中文则多通过主题句、主题段,借助表意的逻辑性来保证文章的完整性。

第四,整体思维与解析思维。中国文化中的"天人合一"思想极为深刻,人与自然的和谐统一、上下有序是自古以来中国文化追求之一。出于对整体和谐的强调,中华文化中家族观念、大家长式集体主义观念极为鲜明,在社会事务中也更强调整体利益。在这种观念影响下,中国人对整体思维有天生的偏好。西方民族更崇尚个人英雄主义,更强调个性的独立与解放,在思维方式上也常以具体事务为核心，采用解析思维进行分析。语言是文化的反映，在表达方式、逻辑构成等方面均带有中西方思维的特点。比如，同样表达地方性名词，我们会说"中国上海"，但在英语环境下写作"Shanghai China"。在具体事物表达方面，"这个厂有二百多名工人"，翻译成英语需要将"二百多名工人"放到前面，"There are over two hundred workers in the factory"。另外，在表达时间、进行人物的职务介绍上，汉语和英语也会存在表达顺序上的不同。这些由于中西方思维方式不同导致的表达差异还有很多，要想提高学生的写作和翻译水平，必须重视汉英语言思维方式的差异，从根源上解释清楚这一系列语言现象背后的问题，帮助学生从知其所以然的角度深化对英语表达的认识。

第五，天人合一与天人相分。中西方"天人合一"与"天人相分"的思想差别，还对语言表达中的时态、构词产生了巨大影响。中国哲学的"天人合一"不仅是对人与物关系的强调，而且还是对时间、空间的独特认知。庄子在《齐物论》中提到了"天地与我并生，而万物与我为一"，这种人与自然融为一体的价值追寻，并不会刻意突出某一刻的状态。在儒家中也有物我两忘的表达。这种哲学思维体现在语言表达上，就是汉语很少会单独强调时态问题。比如，在表达"我去上学"这件事时，在汉语语境下强调的是"我"和"上学"这两个中心词，如果要表达发生的时间，只需要在句中加入时间副词就可以，例如，"我昨天去上学了""我今天要去上学""我明天也去上学""我以后也会去上学"等。但在英语表达中，要想表达不同时间下的这一状态，除了时间副词对时间点的强调，还必须对"go to school"的时态进行变化，保持前后的一致性。在构词法方面，汉语构词往往是由一个中心词根据表意物象，向四周进行扩散；但英语构词单独单词间的物象联系却较少，从词源学角度分析，同源词汇更多是对同一物象的深层次发展。比如，汉语构词中会围绕"电"进行构词，"电"与"视觉"的结合延伸出"电视"；"电"与"说话"相联系延伸出"电话"；还有电冰箱、电饭锅等，都是从两物结合的角度来进行构词。但在英语表达中，"television""telephone""refrigerator""rice cooker"却都是独立构词。

第六，以人为本与以物为本。虽然"人本主义"的提法是伴随现代心理学的研究逐渐在全世界范围内流转开的，但事实上"人本主义"的思想在我国传统文化思想中随处可见，无论是儒家对自我修身的强调，还是道家"人法自然"的追求，都是以人为中心，强调人在对世界的观察与实践中对自我进行发展、提升的。而在西方文化中，尽管更强调"以人为本"，但无论是社会化生产，还是科学研究，都更强调设备、机器、技术的重要性，对人的关注也更多是以提高"人机协调性"的目标为追求。这两种价值观念的差异，反映在语言表达上更多是语句结构的不同。汉语句子中很多主语是隐藏的，但多以人为对象进行表达。英语句子中，一方面由于对句式结构的强调，必须存在主语，同时句子在描述时更多着眼于具体的事物，经常以物为主语进行表达。这种"人本"与"物本"的差异性也经常会对学生的英语写作产生影响，强调两者在表达习惯上的不同，可以帮助学生从语言思维的角度对英语表达构建更完整的认知。

（二）英语写作思维的培养

中西方之间巨大的文化差异是导致英语思维与汉语思维间差异的重要原因，这也导致了英语与汉语在表达方式上的不同。要想提升学生的英语表达能力，在写作过程中尽量规避汉语思维的影响，建立英语思维尤为重要。教师在教学过程中，要加强英语与汉语间的对比分析，加强两者间的转换训练，提高学生的思维灵敏度，从而平衡好英语思维与汉语思维的关系。

第一，增强语言思维意识。在英语教学过程中加强对学生英语思维的训练，通过分析导致汉语与英语表达习惯不同的深层原因，对两种语言在用词、造句等方面的差异进行系统梳理，逐步建立英语思维和英语语言体系。另外，教师还可以通过对影视、名著、新闻等教学资源的有效应用，帮助学生更直观地体会地道的英语表达模式，加深对英语表达习惯的认知。

第二，发展名词化的概念隐喻能力。英语作为非表意文字，其构词很多都是从原词意中进行引申，这就导致英语词汇体系中抽象名词较多。在培养学生英语语言思维时，教师需要注意启发学生对名词概念进行深入思考，锻炼学生名词化的概念隐喻能力。所谓名词化，就是将英语中表现"过程"的动词、表现"特性"的形容词，在构词法规则下变形成名词形式。这种隐喻转化后的名词一般带有更强的抽象性。名词化概念隐喻能力，能够帮助学生快速提高词汇记忆速度，扩充词汇量，同时也能够有效克服汉语表达习惯对英语学习带来的负面影响。这种转化后的名词表意更加准确，放入句子中也更符合英语表达习惯，这对学生英语写作能力的提高具有重要意义。

第三，形合与意合之间的转换。所谓"形合"与"意合"的转变，其实就是强调对英语句式结构的关注。英语的句式表达结构相对固定，对各成分的要求更加明确。为了表意完整、前后逻辑紧密，英语中经常会出现连接词，来串联前后内容。而汉语表达更强调意境的构建、意思的完整，前后的逻辑联结很多都是借由语境、语义完成的，不会刻意强调关联词和句式结构。在写作教学中，教师可以通过加强汉英在句式结构方面的对比，通过设置各种句式的专项训练、将写作与翻译相结合等方式，让学生有意识地在两种表达方式间进行转换，从而建立英语思维。

语言思维的内在差异是影响学生英语能力、写作水平的重要原因。在英语教学中，如果只是单纯对英语知识进行强调和练习，很难取得良好效果。针对逻辑思维发展已经趋于成熟的大学生，教师应强调语言思维能力的培养，从认知角度对名词化的概念隐喻能力进行发展，注重汉语与英语在"意""形"之间的转换，帮助学生建立完整的知识体系，从而实现其对写作能力的有效提升。

三、英语教学中批判思维能力的培养

批判性思维是推动人类进步的重要动力，在数千年的人类文明发展过程中始终存在。对学生批判性思维的培养，有助于提高学生的质疑能力和独立思考能力，这对我国创新型人才的培养具有重要意义。

（一）从批判性思维运动到批判性思维课程

20世纪40年代，美国教育领域开始质疑当时的教育结构，批判性思维运动随之开始。在这一运动的推动下，教育领域学者通过对教学实践进行观察和分析发现：随着工业技术的发展，学生通过系统学习过程获得的知识越来越多、越来越新，但学生的探索意识、思考能力明显下降。尤其在高等教育层面，学生的创新思维数量与质量呈现明显的弱化趋势。

卡尔·波普提出科学精神的本质是批判思维，并在这一论断的基础上对科学发现过程进行概括："问题—尝试解决—排除错误—发现新问题"。在波普研究的基础上，更多美国学者对科学创新的精神内涵展开研究，并将批判性思维的意义

继续扩展。发展到20世纪90年代，批判性思维运动在美国达到顶峰，并取得了两项显著成果：高等院校专门开设了批判性思维基础课程，对学生的批判性思维能力进行培养；高等教育开始以学生批判性思维能力考查为中心，组织考核方式，比如SAT（高中毕业生学术能力水平考试）、GMAT（经企管理研究生入学考试）、LSAT（法学院入学考试）等，这些考试将学生批判思维能力作为主要的考查目标，与传统单纯强调知识储备的考试内容存在显著差别。

（二）从单纯批判性思维训练到跨学科融入

美国的批判性思维运动，除了促进批判性思维独立课程的形成，还推动了各学科课程体系内部批判性思维的融入。从实际教学来看，美国学校内涉及批判性思维的课程主要包括三类：第一是独立的批判性思维课程，针对批判性思维的过程、原理、发展方向、培养方法等进行分析；第二是在传统逻辑课程中加入批判性思维的培养目标，借助逻辑学理论教学，将批判性思维作为一项教学内容，对学生批判思维能力进行强调；第三是将批判性思维与其他学科相融合，教师在其他学科建设过程中、在教学实施过程中、在学生能力培养过程中，对学生的批判性思维进行培养，使学生在专业学习的过程中积极发挥主观能动性，逐渐形成批判性思考的习惯。

（三）从学术研究理论化到国家教育制度化

美国批判性思维运动从教育界对教育现状的反思和批判，逐渐发展为一场全国性的教育改革运动，引发了美国各领域学者的深入研究，带动了美国教育研究的进一步发展。在这个过程中，一系列全国性的批判性思维研究机构、教育组织不断建立，有些组织发展至今，包括批判性思维基金会、批判性思维研究中心、批判性思维国家高层理事会等，分别从教育资金、科学研究、教育制度改革等方面对批判性思维的实践研究进行规范和管理。

最终，批判性思维被纳入美国教育法规之中。卡耐基高等教育委员会在1973年发表教育目的和表现报告，对美国高等教育的未来发展提出了具体目标，其中就包含了批判性思考的内容。1994年当时的总统克林顿签署《美国2000年教育目标法》（*Goals 2000：Educate America Act—GEAA*），同样强调了对学生推理能力、问题解决能力的培养，这一法案在之后历届政府中都得到有效采用。

(四)美国批判性思维能力培养对我国的启示

从美国对批判性思维的强调和发展中就可以看出,批判性思维是现代教育的重要内容,更是人才培养必须重视的教育方向。目前,批判性思维的相关内容也得到了我国教育领域的重视,美国教育学的各项成果也为我国的教学发展提供了诸多经验。

第一,对高等教育的人才培养目标进行重新定位。美国在二战后获得快速发展,高等教育规模迅速扩张,但教育质量却出现下滑。20世纪80年代后,我国施行改革开放,经济水平迅速提升,高等教育快速发展,国内教育面临的问题与之前的美国极为相似。如今,我国高等教育要想继续发展,实现全面高质量普及,必须强化对教育问题的研究。尤其在近年来高校扩招之后,高等教育师资力量、教育资源都存在不足,师生比不断下降,教学管理问题层出不穷,高校毕业生素质参差不齐,全国高等教育的整体水平出现下降。在这一现实压力下,如何改善高等教育的教学环境,切实提高教育质量,为国家和社会培养更多合格人才,成为高校发展面临的重要问题。对比美国教育发展历程与我国教育实际,高校可以对其中批判性思维运动的积极经验进行总结,从中找出能够适应我国教育环境的有效办法,从而支持我国高等教育的发展。

第二,增强对批判性思维的教学研究。立足高校教学体系,从教育实践的角度对批判性思维的课程建设、学科融合、培养目标设定等进行分析。批判性思维与其他学科的结合,能够有效提高学生辩证思维能力,促进各学科新理论的产生。在这个方面,国内高校可以从以下三个方面进行研究:第一,构建鼓励批判性思维的研究氛围,强调批判性思维对科学研究和理论研究的重要价值;第二,重视对批判性思维的理论研究,结合我国教育与科研的实际情况发展适合当前高等教育实际的批判性思维理论;第三,统合社会力量,形成完整的批判性思维研究体系,肯定民间组织在批判性思维研究和普及中发挥的巨大作用。

第三,推进批判性思维教育的制度化。制度化是教育改革的目的,也是教育改革实施的重要助推力量。我国应考虑批判性思维教育制度化的可能性和必要性,及其对高等教育发展的深层影响。在我国教育改革与规划纲要中屡次强调要加强对创新型人才和高素质人才的培养,这不仅说明国家对教育领域的重视,更说明社会对创新型人才的迫切需要。如何将批判性思维教育与我国现有的教育体系相融合,形成更具实践意义和标准化的教育目标,将成为未来我国高等教育发展的一个方向。

通过以上对中西方思维模式的对比与分析可以看出,汉语与英语在表达方式、语篇布局、形式结构等方面存在显著不同。教师在英语教学过程中,不能仅着眼于英语知识的传授,还应从思维模式的角度对导致学生学习困难的问题进行剖析、解决,帮助学生正确对待汉语与英语的差异性,建立英语语言思维,形成完整的知识体系,从根本上提高学生英语写作和口语表达能力。

第三节　思维能力培养视域下的英语教学改革

一、英语教学要从"思维"开始

语言作为一种精神和文化的载体,记录着民族的文化和历史,是一种特殊的文化现象。不同的地域和文化形成了不同的思维,因此在进行英语教学的时候,可以通过传授西方文化与风俗,使学生形成英语的思维方式,促进英语学习。但是我们也应该看到,文化的根深蒂固与文化差异会造成跨文化交际的困难,将西方的文化风俗及英语思维合理有效地融入英语教学成为目前高校研究的重点和难点。

(一)合理规划教学,比较人文思想差异

学生学好英语的前提是学生知道和明白什么是英语,了解和明确中西方文化的差异和思维的不同。因此,在日常的教学中,教师可以在课前先进行一些相关文化导入,通过对比了解中西文化的差异,让学生在了解文化背景的基础上进行英语的学习,这样可以使学生更加正确规范地使用英语。英语中的一些词汇看似和我们的一样,含义实则相反,在我国,"dog"(狗),多含贬义,如"鸡鸣狗盗";在西方,"dog"(狗)是褒义词,正如我们所熟知的"Love me,love my dog."(爱屋及乌)。只有在了解文化差异的背景下才能更好地进行语言的学习,也可以让学生在考试时从根源处着手答题。因此,教师要合理地规划教学,让学生比较人文思想的差异,只有这样才能真正促进学生英语学习的进步。

（二）日常交流互动，理解西方文化特征

对于中国人来说，英语不是母语，加之学生长期受到本土思想文化的影响，这就导致学生在用英语进行交流与沟通的时候出现障碍和困难，甚至在进行交流和沟通的过程中会因为不了解西方的风土人情、民族文化、人文特征而造成交流上的严重误解。有些学生学习英语的目的是考试和升学。如何改变学生的这个看法，让学生更好地、发自内心地学习和认可英语呢？教师可以试着从礼貌用语开始。西方人在进行交流的时候，不喜欢被动地灌输知识，因此在西方人交流中忌讳说"Would you mind doing...？"。而且，中西方文化思维的不同还体现在提建议、表达观点的时候，在西方，当对他人提出建议的时候，他们通常不会使用祈使句；在反对或者拒绝他人观点的时候，经常说"I'm afraid...Sorry..."。英语教师在日常的教学和训练中，可以在习题中体现中西文化的不同，引导学生对中西文化的深刻理解，帮助学生养成西方思维。比如：

Do you want another drink?

A.I don't think so.

B.No way.

C.Not at all.

D.I wouldn't say no.

这道选择题答案为 D。回答这道题需要在了解西方文化的基础上，运用句型和语法进行解答，如果学生不了解西方的文化和思维，就很容易选择错误。

（三）材料信息搜索，探寻文化背景信息

因为课时有限，学校没有开展或者深入开展对西方文化和思维的教学活动。教师可以利用英语教材进行拓展延伸，在教材中寻找涉及西方文化和思维的句子和段落，通过对这些材料的拓展展开教学，使学生了解西方文化和思维，促进英语思维的培养。

当然，在平时的阅读和做题中，也会有涉及西方文化和思维的内容，英语教师和学生可以根据这些信息进行深入的挖掘，对材料信息进行搜索，探寻文化背景信息。比如："cross one's fingers..."是在讲解"Body Language"阅读习题时候的一句话，这时英语教师可以根据这句话挖掘其背后的文化信息：英国人大部分

信奉基督教，当其"cross the fingers"时，表示他们在祈祷祝福。因此，"I will cross my fingers for you."的意思就不言而喻了，即"我为你祝福"。

（四）延伸课堂讲解，导入风俗人文历史

英语知识的讲解不仅在课堂和书本中，还在课外活动中。英语教师要鼓励学生在课外进行英语的阅读和探索，将视野延伸到课外。这样不仅可以激发学生的学习兴趣，而且能了解西方思维和文化，为自身英语思维的养成奠定基础。在信息时代，人们获取资料的渠道变得更多，英语教师可以引导学生看一些影视作品，如美剧、英剧等；可以鼓励学生浏览外国的网站和新闻；可以了解西方的产品广告，如斯沃琪手表的广告"Time is what you make of it"；梅赛德斯·奔驰的广告"Engineered to move the human spirit"；等等。通过这样的方式让学生在日常生活中也能感受到西方文化和思维，可以增强英语思维和英语语感。

综上所述，西方文化和英语课堂的结合不但能丰富课堂内容，提升英语的教学效果，而且能促进学生英语思维的养成。对于学生来说，英语思维对于提高其英语学习质量有重要作用，而思想意识上的跨越往往会促进英语学习。作为英语教师也应该注意这一点，在进行教学时不能忽视对学生英语思维的培养，不能只是单纯地教授句型、语法等，要让学生真正地在了解英语背景的基础上进行学习，激发学生英语学习的兴趣和动力。

二、创新英语教学思维，激活高校英语教学

教学是具有科学性和艺术性的活动。大学生的特点是活泼、充满活力与朝气、兴趣广泛、自我意识强、可塑性强。因此，要根据学生的特点对学生展开有针对性的教学活动，生动活泼的、充满趣味的教学必定会吸引学生的注意力，提升学习效果。在教学中教师要避免对学生进行单纯的语言教学，枯燥的知识传授不能激发学生的积极性和学习的热情。在英语的教学中注重课堂教学的趣味性和艺术性，在学中玩，在玩中学，真正做到创新英语教学思维，激活高校英语教学。

（一）注重导入环节，把冰转化成水

课程导入环节的好坏可以引起不同的学习效果，对教学质量的提升有着重要的作用。万事开头难，只要开好了头，再往下进行就很容易了。因此，好的导入

可以起到"先声夺人"的效果,导入环节设计得合理且有吸引力,可以在课程的开始就紧紧抓住学生的目光,吸引学生的注意力,加快学生进入学习的状态,这也是导入环节被称为教学催化剂的原因。英语课堂的导入要根据学生的状态、学生的基础、教学的内容等来进行设计,具体问题具体分析,根据不同的情况采用不同的导入方式。但需要注意的是导入要遵循以下原则:第一导入要有趣,第二导入要切题,第三导入要简洁,第四导入要拓思。这就要求导入内容要简洁,而且需要贴近生活,与所要讲授的内容相符。

(二)动起来,让英语课堂充满活力

第一,在英语的教学活动中,加入非语言交流手段,如"哑语"和肢体语言。在英语教学中加入适当的、协调的肢体语言,不仅可以帮助学生理解英语,加深对英语学习内容的印象,激发学习的兴趣和热情,而且有利于英语教学效果的提升,增进学生和教师之间的感情,更好地促进教学活动的开展。非语言交流手段的使用,使课堂焕发了活力,教师利用肢体语言和"哑语"为学生提供了很好的兴趣点和学习体验,起到了无声胜有声的效果,可以为英语教学提供最优化的服务,这就是全身反应(Total Physical Response,简称 TPR)教学法,即通过身体运动来学习英语的一种方式和方法,就像幼儿初学母语一样。

举个例子,当一群从未接触过英语的学生要接受全英语教学时,在授课的过程中学生肯定会有听不懂的地方,教师就采用肢体语言进行辅助教学。如教师教给学生大象和猴子,教师边说"elephant"边做肢体动作,用手当作大象的鼻子,这时候学生会跟着教师进行模仿;教师边说"monkey"边做猴子挠腮的动作,学生跟着教师进行模仿。在这个教学过程中,借助肢体动作,学生理解了"elephant""monkey",第一遍学生只是听与看,跟随教师的动作进行学习,第二遍中很多学生都可以准确无误地做出。随着时间的推移,肢体语言在英语课堂中运用得越来越多,也越来越广泛,学生在这个过程中学会了英语的思维。

第二,音乐可以架起一座英语和学生的桥梁。将英语歌谣引入课堂,可以增加英语对学生的吸引力,提高他们的学习兴趣。朗朗上口的、有韵律感的英语歌谣不仅可以降低学生的抵触心理,还能让他们了解西方文化和思维。将英语歌曲、诗歌等引进英语的课堂,一是可以激发学习的兴趣,激发学习的动力,因为兴趣是最好的教师;二是可以活跃课堂气氛,朗朗上口、富有韵律感的英语歌曲可以使课堂氛围变得轻松、有趣；三是可以在唱英语歌曲和朗诵诗歌中锻炼学生说的能力和运用语言的能力；四是可以启发心智，通过英语与音乐的结合，促进学生全面发展。

（三）有效的教学反思

教学活动是一门反思的艺术活动，只有不断地反思才能提高英语的教学水平。在当下的教育环境中，教学内容讲完不代表教学任务的完成。"学生是否学会了？学生是否喜欢学了？知识目标是否实现了？能力目标达到了吗？学生对情感目标感兴趣吗？今后的教学工作应该如何改进和提高？"教师只有不断地反思，才能进步。只有这样，课堂的效率才能提高，课堂的效果才能提升，学生才能学到更多的东西。

"表现—成功—快乐"在教学中运用得当，一是可以在教学活动中调动学生的积极性和学习兴趣，体现了以学生的发展为本的教学理念；二是激活课堂氛围，让学生在轻松、愉悦、积极的氛围中学到知识，促进自身能力的发展与进步；三是促进学生认知能力、创新能力的发展，调节学生的心理健康，使学生成为一个健康的、全面发展的人。

三、英语教学方法的改革

提高教学质量，提升教学效果，其中重要的一点就是要改革教学方法、教学手段。当下英语教学改革的总思路和方式是采用课堂教学、多媒体教学、实验实训、语言平台教学的方式，教学的重点也发生了转移，注重学生的听、说、写、翻译及行业的技能实践，不断优化课堂教学。

学生通过语言实现人际交往是语言教学的最终目的，语言教学的侧重点在于实践和应用。根据当前的英语教育要求和形式，结合学生的学习情况和学校的教学条件，可以从以下方面进行教学方法的改革。

（一）情境教学法

众所周知，教学活动受到课堂氛围的支配和制约，而师生的双边活动影响着课堂氛围。情境教学法就是要求在课堂中学生可以在情境中学习，有可以看到、听到、感触到的学习对象，使学生充分调动口、耳、眼、脑等多个器官，进行全方位立体化的英语学习，增强学习体验。

第一，课堂用语英语化。这就要求师生在课堂中使用英语进行沟通和交流，教师采用全英语进行授课教学。教师要为学生创造语言环境，营造浓厚的英语氛围，在这样环境中的学生可以在潜移默化中学习英语思维，不断提高英语学习和应用能力。

第二，多媒体情境演示。创设多媒体情境，最大限度还原英语母语的课堂环境。多媒体教学最大的优势就是可以实现声音与画面的有机结合，这不仅能够调动学生的学习积极性，而且能够使学生在语言环境中理解语言，掌握相关的英语知识，促进英语的学习。英语教师可以运用如创设信息沟通、无声观看、定格观看、只听不看等播放方法来进行语言训练，加深学生对于语言的理解，使学生学会在不同情境下使用不同用语，增强语言运用的恰当性。

第三，角色扮演。角色扮演活动的开展，采用这种新颖的教学方式，一是可以调动学生的积极性，让学生参与其中，从而最大限度地激发学生的学习热情；二是学生在角色扮演活动中处于主体地位，通过扮演，可以锻炼学生听、说、读、写的能力，使学生语言应用能力得到提升；三是学生的身份发生转变，成为英语材料中的人物，加快了对材料的理解和记忆，使学生在学中玩，在玩中学。

第四，真实体验异国文化。教师可以借助一些实物和影视作品，让学生真实地体验异国的文化，如教师可以带来某些民族服饰、民族食品、民族器具、民族乐器等来展现其独特的文化和习俗，让学生在实物中感受不一样的生活方式和习俗，更真切地体验异国文化。

（二）交际式教学法

培养课堂交际氛围是交际式教学法的关键。

一方面是问候。在教学课堂的一开始，师生见面时适当地交流，不仅可以安抚学生紧张的情绪，还能引导学生尽快进入课堂情境。要达到这样的效果，需要教师在进行师生对话时，态度要真诚，对学生的回答及时反馈，否则敷衍地交流并不能达到活跃课堂氛围的理想效果。

另一方面，提问、讨论、辩论。教师可以以某个话题为主题，先对学生进行提问，再引导学生间、学生和教师间进行讨论，最后组织学生进行辩论。在提问、讨论、辩论中，学生的积极性得到调动；在找资料的过程中，语言组织能力得到提高；在辩论中，语言运用能力得到锻炼。

（三）任务教学法

任务教学法就是除了常规的练习、朗读、背诵、作业外，以实际任务的解决为目标，给学生布置具体任务的教学方法。对于完成任务，学生可以独自完成，也可以小组合作完成，最后展示解决方案，评选出最优方案。学生在小组的合作中既锻炼了与人沟通交往的能力，也使得学生间能够相互学习，取长补短，促进学生的个人成长。

第四章　大学英语课堂中跨文化交际能力的培养

随着时代不断发展变化，国际融合的趋势和潮流势不可挡，跨文化交流已成为人际交往中的重要方面，因此跨文化交际能力也越来越受到重视。本章从跨文化交际能力的概述、文化自信视域下的英语教学、跨文化交际影响下英语教学的路径三个方面对大学英语课堂中的跨文化交际能力的培养进行论述。

第一节　跨文化交际能力的概述

随着科学技术的进步和经济的发展，全球化趋势势不可挡，国家间、民族间的交往日益频繁，"地球村"正在形成。在这样的背景下，跨文化交流成为世界各国人民的需求，由此而出现的跨文化交际学也成了一门重要的新兴学科。面对国际趋势和潮流，我们需要提高跨文化交际的能力，适应跨文化交际的趋势，从容应对跨文化的交际活动。而英语专业的学生作为外语的学习者和跨文化交际的参与者，需要掌握更多的跨文化交际策略以适应当前的发展趋势。跨文化交际活动的首要条件就是全方位的跨文化交际能力。

一、跨文化交际能力的定义

与不同的文化背景和背景的人进行的有效、恰当、适宜的交际的能力就是跨文化交际能力（intercultural communication competence），它是促进跨文化交流成功的一项重要能力，在跨文化交际领域中有着重要的地位，是跨文化交际学中重要的课题。在这个概念中，我们需要着重注意以下两点：一方面是交际的有效性，即人们的交际行为可以有效达到预期的目标和设想的结果；另一方面是交际的恰当性和适宜性，即根据不同的情境和场合使用不同交际行为的能力。

二、跨文化交际能力的内容

《大学英语》课程标准的出台打破了英语教学只注重语言知识传播的现状，培养英语专业学生的交际能力，特别是跨文化交际能力成为当下大学英语人才培养的重要目标。下面将详细介绍跨文化交际能力与交际能力的相关知识。

（一）基本交际能力

跨文化交际能力在跨文化交际学中的界定不尽相同，基本的交际能力包括以下几方面：

1.语言和非语言行为能力

包括词法、语法、句法、语音等在内的语言能力是人们基本的交际能力，也是重要的交际手段。语言的听、说、读、写的训练和学习可以促进语言能力的培养，不论强调结构还是强调过程，语言教学大纲都要求学生可以熟练地使用语言，在不断学习中构建目的语的词法、语法、句法、语音等知识体系。但是语言并非唯一的交际手段，一些无法使用语言的人也可以使用其他非语言行为进行交际，来达到交际的目的。当然，有语言能力的人也可以使用非语言方式进行交流，这就要求教师在英语教学中，在培养学生的交流能力的同时渗透对非语言行为的能力培养。没有明确的记载、没有人知道却每个人都理解的、精心设计的代码，这是萨皮尔对非语言行为的定义。非语言系统包括用肢体语言收发信息、交流距离、姿态、目光接触、面部表情、音调等，在交际中，非语言系统占93%，主要有以下几点：

（1）身体语言

"用身体姿势或运动来表现你的感觉或想法"是"body language"在《朗文当代高级英语辞典》中的解释，在其他字典的说法中也有"用非语言的形式进行交际"的解释。

（2）姿态

姿态指的是用头、手臂、手甚至整个身体动作等表达一定的意义，蕴含着各个地区和民族独特的文化，这些依托文化传统的符号通常会在跨文化的交际中引起误会，比如说"同意""拒绝""来""去"的姿态在不同的地区有着不同的表达，很容易在跨文化交际中产生误会。

(3) 面部表情

面部表情指的是人们利用面颊、眉毛、眼睛、鼻子、嘴唇、舌头、下巴等来表示"不知道""是的""再见"等意思。在大部分国家中点头都是用来表示同意，而在印度相反，用摇头来表示同意。

(4) 目光接触

目光接触是一种独特的交流手段，目光接触时间太长或者太短都可能会造成焦虑。不同国家对于目光接触的理解与看法是不同的，在西方国家，一般家长会教育孩子在和他人讲话的时候要注视讲话者的眼睛，但是平时不能长时间盯着其他人看。

(5) 交流距离

交流距离指的是在人与人交流沟通时的距离。一般在人与人交流时会有一定的安全距离，安全距离的远近和交流双方的关系远近有关，亲朋好友间沟通交流时，安全距离会近，陌生人间交流安全距离会远。当出现交流距离不规范的时候，这种行为会被认为是侵犯行为，为了避免冲突，当出现不经意间碰撞的时候，人们会表达歉意。

(6) 时间观念

对于时间观念，不同的国家也有不同的理解。比如约定在某个时间见面，在一些国家，人们会比约定时间早到；在一些国家，人们通常会比约定时间晚一些到。在英语的语言学习中，时间似乎是物体而不是客观经验，比如在英语表达中的"spending time"（花时间）、"wasting time"（费时间）、"saving time"（省时）。

总之，不同的国家，会有不同的语言和非语言行为，在跨文化交际中会产生交际障碍，因而在英语教学中对语言和非语言内容的学习具有重要的意义。

2. 文化能力

不同的民族、不同文化身份的人有着不同的生活方式、价值取向及人际交往规范。在跨文化交际中，每个文化主体，不管是统一民族组成的文化还是主流文化内涵不同的群体文化，都有自己的文化系统，这就需要交际者在跨文化交际中拥有文化能力。拥有文化能力需要了解：一是了解交际文化系统，包括自愿或非自愿的交际文化系统；二是了解群体的历史、社会及文化的特征；三是了解群体的世界观、宗教信仰、价值观念等。跨文化交际能力中的文化能力主要包括以下几点：

第一，掌握与作业程序相关的知识。

第二，具备对于文化等信息获取的技能与策略。

第三，能够在不同的场合处理不同的人际关系，在不同的情境中扮演不同的社会角色，承担相应的社会责任。

第四，在跨文化交际中具备对文化的高度敏感、对非语言的高度意识，在交往中实时自我调节。

第五，对跨文化交际对象的文化及价值观念、生活方式、风俗习惯等有充分的了解。

3. 相互交往的能力

跨文化交往能力属于人际交往的一种，是根据交际规范来进行界定的。我们所说的交际规范包含交际与环境、情境的关系，一是人际关系能力，即担任社会角色和文化身份，处理人际关系和社会关系的能力；二是交往能力，包括言语的社会功能、语篇衔接、轮番谈话、礼貌交际、面子功夫、毗邻对偶、会话合作等；三是认知能力，包括关系协调、情感和关系及非言语行为。相互交往的能力具体如下：

（1）言语行为能力

作为语用学的重要组成部分的言语行为理论对语言研究具有重要的启发意义，通过对言语行为的研究，可以更好地提升言语行为能力。言语行为理论是语言理论的基础之一，但言语行为理论还有很多问题需要继续研究和探索。语言能力和语言行为是言语行为能力的基础，语言能力即对词法、句法、语法、语篇、语音等语言知识的把握；言语行为即正确使用语言的能力。故而，在英语教学中，教师应该站在跨文化交际的视角进行教学，在了解英语词汇背后的文化含义中、在学习句法构成习惯中、在明确篇章结构布局中培养学生的言语行为能力。

（2）交往规则或语用规则

交往规则或语用规则是相互交往能力的一种，是决定交往程度和效率的重要因素，主要有以下几个方面：

①会话合作原则

会话合作原则主要包含四条准则，其中前三条是与"说什么"有关的准则，最后一条是和"怎么说"有关的准则：一是数量准则，即自己所说的话要详细，以达到交谈的目的，但所说的话也不能比所要求的更详细；二是质量准则，要求所说的话要准确，不说自己认为不真实的话和缺乏证据的话；三是关联准则，所说的话要符合会话的主题，要贴切；四是方式准则，即所说话语要准确精练，有条理性、逻辑性，避免使用生涩词汇和歧义词汇。

②人际交往礼貌原则及面子原则和策略

礼貌原则包括六条准则：一是策略准则，二是宽宏准则，这两条都是用于指令和承诺；三是赞扬准则，四是谦虚准则，这两条都是用于表情和表述；五是赞同准则，六是同情准则，这两条都是用于表述。以上的准则解释了话语礼貌的标准和规则。在语用学中，礼貌策略包括促进各方关系和运用礼貌策略两个大的方面。一方面，促进各方关系指的是说话者在说话时要符合自身的身份，不能说不符合自己身份的话语，要谦虚谨慎；保持尊重和平等，在对话中说符合对方身份的话，对于交际另一方，说话要尊重和客气；在有第三方在场时，要顾及第三方的感受，不说影响第三方身份地位的话语，可以说符合他们身份地位的话。另一方面，运用礼貌策略，包含积极策略与消极策略，积极策略指的是适度的谦让、客气和尊重的话语；消极的策略则是指适度中和的话语。

Brown 和 Levinson 提出了"面子保全论"（face-saving theory），即礼貌是为了满足面子的"典型人"采取的各种理性的行为，该理论分析了面子威胁的行为及行为因素，并提出了礼貌的补救策略：一是积极礼貌策略；二是消极礼貌策略；三是不使用补救策略，公开实施面子威胁的行为；四是非公开实施面子威胁的行为；五是不实施面子威胁的行为。

③语篇组织规则、话轮结构、毗邻对偶结构、衔接与连贯

会话是由相对连续的话题组成的，所以会话结构的基本构成要素是话题。

话语的语篇有三个层面：首先是语篇的形式结构层面，这是通过语法实现的；其次是交际中的语力结构；最后是交往的结构层面，通过话轮结构、轮流发言或毗邻对偶等实现。

会话分为开始阶段、问候阶段、安全话题、称谓、自我介绍、真正话题阶段和会话结束阶段七个阶段。话题发展分为以下三种类型：一是话题的介绍，这是在问候和自我介绍后开始的第一个话题。二是话题继续，主要是为了衔接比邻对话。三是话题上指，即旧话重提，包括当话题谈不下去的时候，说话人从之前同

一序列的谈话中选择谈过的话题，促使谈话继续进行；话题的拓展；话题逐渐消失；话题的再生；话题的再现；话题的改变等情况。

综上所述，提高跨文化交际能力的基础是掌握会话规律。因此，英语教师在进行教学、口语训练的时候，不仅要教给学生说的内容，还应教给学生在何时说、怎么说，把握好说话的时机和情境，只有这样才能真正提高学生的交际能力，使学生了解文化背景，最终提升跨文化交际能力。

4. 认知能力

受到个人所处文化背景的不同，每个人的认知能力是不同的，对待人、事物及现象的认知都是不同的。描写、解释和评价构成了认知，若在交际过程中没有区分这三个阶段就会出现交际失误。首先，描写是指没有评论和社会意义的，对观察到的行为进行的客观描述；其次，解释是指对观察的行为、事物等进行加工，赋予其意义，每个人对任何一个行为的解释都会存在差异；最后，评价是对解释赋予社会意义，有消极和积极之分。认知能力的不同也会对跨文化交际能力产生影响，比如中西方对于同一个描述的解释不同，会产生不同的评价，这个结果会导致交际的失败。这就要求教师在进行教学中注重学生认知能力的培养，利用文化教学向学生解释文化不同，使学生可以从认知的角度解释描写，进而产生评价。

（二）情感和关系能力系统

1. 情感能力

我们所要讨论的情感能力主要是移情，"移情"在字典中解释是：认同和理解别人的处境、动机及感情。上文认知能力中的描写、解释和评价就需要具备移情能力。举个例子来说，在中国，拉近人际关系，表达关切的手段就是对他人事务的关切；在西方，人们不喜欢谈及彼此的隐私问题。中西方存在差异，在跨文化交际中不顾及他人的习俗是不可取的，交流的双方都要站在对方的角度看待问题，避免话语使对方感到不自在，这就是移情的体现。关于移情，可通过六个步骤来实现，具体如下：

第一，世界是多元的，不同文化和个人间都存在巨大的差异，这是正常的、普遍的现象。

第二，要对自我有充分认识。

第三，悬置自我，消除自我与环境的分离状态。

第四，将自己设想成他人，设身处地地考虑问题，走进他人内心。

第五，为移情做准备，经验移情。

第六，重建自我。

要培养学生的移情能力，作为教授主体的教师应该先明确移情的规律，通过教授内容，对比文化差异，逐步培养学生的文化接收能力，最终使学生具备移情能力。

2.关系能力

关系存在于两者之间或两者以上之间，在这样的模式中，参与者会在其中扮演一些角色，这些角色与文化有关。社会交往中的人际关系涉及的方式和内容与角色存在很大联系，角色间的关系与行为会对人际交往产生影响。文化对角色产生的差异表现在以下三个方面：

其一是正式和非正式程度，就拿最熟悉的教师教学来讲，在中国，教师一般都是严谨、威严的代表，作风严谨；在美国，教师很随意，授课时态度也没有那么严肃，这就产生了正式和非正式程度之间的差别。

其二是个人化程度，个人化程度的差异会出现处事风格的差异。比如，在中国，谈生意，会先把对方当作朋友看待；在美国，谈生意，会把对方当作对手看待。

其三是允许偏离理想角色的程度，指的是文化对于角色行为偏离的容忍度，有的容忍度大，有的容忍度小。

跨文化交际的顺利进行，离不开不同文化背景下人们的相互理解。明确不同文化的角色行为和特点才能较快入乡随俗，推进跨文化交际任务的完成。

（三）情节能力系统

某一特定文化环境中典型的交往序列定式就是人们给"情节"所作的定义，换句话说就是在某种特定的交际场合中会出现的行为。对于情节的定义，不同学者有不同的看法，美国的语言学家甘柏兹对"情节"的定义作了阐释，即"被谈话人当作一套完整的交际惯例，它们独立于语篇，而且有一套独特的言语和非言语规则，它们是重复性的，是可以预测的，它们尤其具有一套可以辨认的开始和结束的序列。"由此可知，情节能力就是交际者处理具体情节下程序性规定的能力。学者巴内特·皮尔斯则对交际者应具备的情节能力进行了系统研究，具体情况如下：

第一，情节中的行为要符合人们的期望。这里说的期望指的是文化所具备的常识性知识，打个比方，知识和期望就好像戏剧的剧本和脚本。情节中的剧本或脚本具有以下作用：一是表示情节是如何形成的，二是区别于其他情节，三是用来表示情节的开始结束，四是对特殊情节中的具体顺序和具体行为的目的结构进行规定。在英语教学中经常使用的情境教学（比如打电话到餐厅订餐、到朋友家做客等）就是这样一种剧本或脚本，通过学生对脚本中行为规则的了解，达到培养跨文化交际能力的目的。

第二，在特定情节中，为了达到交际目标，交际者会尽力去实现这个交际目的。语言教学中的任务教学就是这种情况的典型代表，任务型教学的主要目的是培养学生实现交际目的能力。

第三，尊重和遵循不同情境的交往规则的能力，比如如何开始谈话、对对方的话语作出反应、如何结束谈话等。这里涉及的交往规则包括：诚实守信原则、求同存异原则、平等交往原则、互惠互利原则。我输你赢模式、我赢你输模式、双输模式和双赢模式是交际学中的四种交际模式。

第四，社会情节的重要部分之一就是话题与交往场景。在日常生活中常常出现的话题、礼仪性会话及惯例组成了交往场景。学者贾玉新对常规与原有规则的超越能力进行了概括总结。

一是结束交际事件的能力。在交际过程中，交际者会有自己独特的信号来表明自己将要结束正在进行的谈话，接下来开展新的话题或改变谈话的内容。比如说问候，人们最初五分钟谈话的信息内容具有仪式性，在这五分钟中决定是否继续谈话；轮番发言，指的是交际方互换听与说的角色，是人们争取说话机会的"发言票卷"，一般出现清理嗓子、身体前倾及一些面部表情时，都是发言前的准备。

二是解释的能力。解释是调节相应情节中的事情，调节特定情节中交际方行为的重要的、有效的手段，是我们对所处世界及行为合理性进行说明的方式。

三是事后的解释和谅解。事后谅解包括回避、错误、意外事故、争取同情、请求"赦罪"，是在交际方协调能力受到威胁后进行的解释。

四是更新组建交际环境。在我们不想进入一些情节时会采取回避的策略，这个策略就是更新组建交际环境，其目的一是离开某个情节，二是阻止情境中行为的发生，三是更新组建新的情节。

随着社会交往的不断加深，国家越来越重视对学生交际能力的培养，交际大纲渐渐取代语法类大纲，对于情节能力的培养也成为重点。在英语教学中，教材也可以按照交际情境进行主题的设计，情境教学可以提高学生情节能力，培养学生的跨文化交际能力。

（四）策略能力系统

这里说的策略能力是指交际者因为语用能力和语言能力的问题没有达到交际目标，因此采取的措施和策略，是一种补救性行为，与谈话时的总体技巧和策略有所区别。国外学者认为策略能力在交际能力中有着举足轻重的地位，并对此提出了以下的观点：

第一，语码转换策略。当使用语言出现局限、不能准确表达时，可以进行语码的转换，在双方共享的语言中选择转借词。

第二，近似语策略。使用释义、创造新词语、笼统化、重新组构等策略，在语言能力带来词语或者语篇空白时进行弥补。

第三，合作策略。当交际双方碰到交际障碍时，可以利用彼此已有的语言、文化等知识来解决这个障碍和问题。

第四，非言语策略。在进行交际时可以使用非语言形式进行交流，达到交际目的。

三、跨文化交际能力的要素

学术界对于跨文化交际能力没有统一的定义，对跨文化交际能力的要素也没有统一的论述，Samovar 和 Porter 提出的跨文化交际能力的三大要素被国内外学者普遍认同和引用，三大要素即动机（motivation）、知识（knowledge）、技能（skill）。

所谓仁者见仁，智者见智，不同的学者对跨文化交际能力要素有着不同的观点，通过对比研究，作者对其共同部分进行归纳总结，发现基本上是从认知、情感和行为三个层面进行论述研究。一是认知层面，在进行跨文化交际中，交际者不仅需要一般的文化知识，还需要了解国内外的政治、经济、文化、习俗、宗教信仰、地理历史等知识，这是成功交际的重要基础。二是情感层面，跨文化的交际者需要有对文化差异的高度敏感，对不同文化的尊重和包容，对本民族文化的认同和深刻理解。三是行为层面，跨文化交际者在交际中的心理调节能力、适应环境和特定情节的能力及在其他文化中处理事情的能力。

戴尔·海姆斯提出了交际能力理论，其核心观点是语言的得体性。在该理论中，语言知识、语用知识及交际的技巧构成了跨文化交际能力的要素。该理论没有考虑情感方面的因素，比如克服文化差异的不良心理，也没有涉及交际者对交际对方的世界观、人生观、价值观等深层次文化结构的理解。

四、跨文化交际能力的培养目标

跨文化交际能力的培养可能会被误认为是要改变人们的基本个性和特点，但事实并非如此，跨文化交际能力培养可以提高语言使用的技巧。比如，中国留学生在美国上学，吃过午餐后在路上碰到了美国的同学，中国留学生很自然地问吃饭了没有，以此表示礼貌和打招呼，但是这使美国学生误认为中国留学生邀请其共进午餐。中国留学生虽然在语言上没有任何错误，但是在美国文化环境下使用中国的文化习俗进行打招呼，与美国的文化语用规则相悖，出现了典型的文化干扰现象。

五、培养跨文化交际能力的重要性

（一）提高学生对跨文化交际能力的学习兴趣

全球化进程的加快，使英语的使用范围更加广阔、频率更加频繁。英语作为国际上主要的通用语言，在跨文化交际中发挥着重要的沟通作用，使大学生具备良好的英语能力，成为现代大学提高办学水平的措施。在大学英语课堂中增加跨文化知识的学习可以有以下作用：一是丰富英语的教学形式；二是激发学生学习的积极性，提高学生的语感能力；三是提高学习的效率，促进英语思维的养成；四是培养学生的发展水平，促进全面发展。因此，在英语教学中，英语教师在基础教学（单词、词组、句型结构及语法教学）的基础上，要使教学与英语国家的文化相结合。教师在选择题材的时候可以选择目的语国家的建筑、电影、音乐、风俗等，这样可以更加立体化、形象化、艺术化地展现英语国家的文化。

（二）提高学生的语言交际能力

语言掌握能力最直接的体现就是交际沟通能力。在大学英语课堂中引入跨文化交际能力的学习，在促进大学生对于世界各国语言文化了解的基础上丰富课堂的多样性、实用性。在英语课堂中，教师在潜移默化中渗透世界各地的文化习俗与生活习惯，一是可以使学生了解世界各个国家和其文化，开阔眼界，完善知识体系，使学生的世界观更具包容性；二是在了解世界各国文化的基础上，进行比较教学，促进学生批判性思维和跨文化交际意识的养成；三是在明确中西文化差异和思维方式差异的基础上，教师可以引导学生转化学习观念，提高英语学习的实用性，避免出现语义使用的差异和英语表达文化的差异。由于文化传统存在差异，学生在跨文化交际中会存在障碍，因此在语言学习中对文化背景的学习是必不可少的。

（三）促进学生综合素质的提高

大学的英语课程一方面要培养学生的听、说、读、写能力，另一方面要培养学生在跨文化交际中的语言运用能力，使学生成为高素质的人才。因此，大学的英语教学可以融入中西方文化，在开阔学生文化视野的同时提高语言素养，促进综合素质的提高。大学中培养学生的跨文化交际能力突出强调培养国际化交际能力，在这个培养过程中，研究的重点是交际对象，研究内容是如何与交际对象展开话题、如何确保交际中语言表达的顺畅及如何完成交际目的。教师在教学实践中可以使用多样的、多元的教学形式和方法，不断提高跨文化知识的教学比重，以此来提高学生的学习积极性，促进学生综合素质的提高。

第二节 文化自信视域下的大学英语教学

英语是语言类的学科，在当今国际交流发展的浪潮中，培养学生的交流能力可以促进学生就业与自身发展。英语作为外部语言，有着外国的思维与理念，大学生在学习时必然会对自身的思维和价值观产生影响，这就需要教师在传授英语文化和知识的基础上，使学生坚定文化自信，增强对本民族文化的认同和理解，教师也要针对教学中出现的问题及时处理，寻找合适的教育策略，将学生培养成具有正能量的、文化自信的社会主义建设者和接班人。

在国际化趋势下，将中华优秀传统文化在世界舞台上发扬光大，是中国人的责任；让世界了解中华文化和深厚底蕴、弘扬优秀的传统美德是中国人的使命。大学生是中国的未来，是今后发展的主力军，因此学生在大学英语课堂中不仅要学好英语，还要坚定文化自信、树立正确的文化价值观，身体力行弘扬中华优秀传统文化。教师可以将文化自信贯穿大学英语课堂的教与学的每个环节。就学生的学来说，学生可以通过查阅资料、讨论分享了解世界文化，开拓视野，在教师的指引下，取其精华，去其糟粕；在中西文化的碰撞交流中、在英语技能的学习中，站在更广的角度客观看待中西文化，坚定文化自信。就英语教师的教来讲，一是教师可以在语言结构的对比中，使学生明确中国的语言思维，进一步明确中国的核心生态；二是教师在翻译的教学中，使学生了解中国文化的博大精深与深厚底蕴；三是教师通过指导学生阅读来使学生体会中国语言文化的内涵；四是教师通过写作练习，使学生了解中国人的内敛。由此可见，学生在英语课堂的每一环节都可以加深对中华文化的理解，体会中华文化的精髓，学生可以在此基础上坚定文化自信，自觉传承中华文化。

一、大学英语教学中坚定文化自信的重要意义

（一）文化自信是时代发展要求

近些年，我国的政治、经济、军事等方面的实力不断增强，国际影响力也随之提升，中华文化在世界范围内掀起了一股热潮。比如中国传统的武术、书法、手工、国画等在世界范围内受到喜爱和学习；我国的很多经典书籍，像《红楼梦》《水浒传》《三国演义》《西游记》等被翻译成多种语言文字，在世界范围内传播。文化自信和中国的软实力是建立在中华文化广泛传播和弘扬的基础上的。中国文化的认同体现在坚定的文化自信上，面对时代发展的需求，大学英语应紧跟潮流，担负起培养学生文化自信的重任和培养学生国际交流能力的责任。英语既是重要的语言工具，也是重要的文化传播载体，这就要求英语教师在进行英语学科知识传授的同时，加强学生对中华文化的认同，坚定文化自信。

(二)文化自信是学习者的内在渴求

如今,对外开放不断加深,全球性的人员流动不断加强,国内人才"走出去"进行深造,国外人才"走进来"进行学习,这些都增加了国际对话的机会。大学生在学校学习期间和日后工作中都会有很多的对外交流机会,这也是展现中华文化的机会。在对外交流中,交际者自然而然流露出来的对本民族文化的自豪感和赞美会吸引外国友人对中华文化产生向往和崇拜,推动中华文化的世界化。与此同时,学生对本民族文化的认同和自信可以提升自身魅力,更好地在国际交流中展示自我。因此,文化自信是学习者内在的渴求。

(三)文化自信是对价值观的信守

文化自信是对价值观的信守。价值观的构成系统与文化自信的构成有密切的关系。文化的关键精神品质是价值观,文化是对价值观的反映,因而文化自信的核心灵魂是价值观自信。社会主义核心价值观是文化自信的基础,即以本国的价值观为前提,以开放的心态去学习外来文化,不断树立和凝聚核心价值观,不断传承中华优秀传统文化,促进文化价值的发展与完善。在大学英语课堂中,教师一方面要使大学生对中国文化产生认同和自信,在中外文化的对比中,激发学生的辩证思维,信守中国文化价值观;另一方面,面对众多良莠不齐的外来文化,教师要引导学生正确、客观地看待外来文化,坚定自身的文化价值、立场,自觉抵制不良的外国文化思潮,坚定文化自信。

二、文化自信视域下大学英语教学中存在的问题

英语教学中中华文化的缺失并非短时间内造成的,在早期与西方交流的过程中,中国语言的表达方式与内容渐渐西化,失去了本国语言的术语表达特色,这也影响了英语教学。大学英语教学具有鲜明的时代性,并且内容丰富而广泛,但是涉及中华文化的内容很少。这也使得个别学生掌握了英语的各种表达方式,却在用英语表达中华文化时出现困难,比如说学生可以熟练地使用英语对情人节、感恩节、圣诞节等西方节日及其背后文化习俗进行详细的论述和表达,但是对于中国的清明节、端午节等传统节日及其背后的文化历史、民俗典故,却不知道如何使用英语进行表达。

（一）课程内容突出中华文化程度不足

首先，大学英语课程中中华文化失语现象还是存在的，中西文化失衡问题依旧没有得到改善。在英语教材上，着重讲述西方的历史文化，与中华传统文化有关的内容很少；在教学中重视西方文化和语言教学相结合的方式；英语教师也更倾向于对西方文化和风俗进行讲述，忽视了中华文化的英语表达。在这种教学环境中，学生可能会产生一些错误的观念。其次，当前高校中的英语教师都比较年轻，年龄在30~40岁，一些年轻的教师受求学经历的影响，对中华传统文化的重视程度不高，这也是中华文化在英语课程中失语的原因之一。最后，国外优秀影视作品比如《生活大爆炸》《老友记》《权力的游戏》等广泛传播，激发了学生对国外文化的兴趣，对学生的思想和价值观念产生了影响，加之教师将影视作品引入课堂教学，加深了学生对西方文化的理解和认同。大学时期是学生树立正确价值观的关键时期，教师对其的引导显得尤为关键，教师要引导学生坚定文化自信，提升学生的文化解读能力。当前英语教学中要加强对中华传统文化的重视，使学生坚定文化自信，促进学生长远发展。

（二）大学英语课程自身面临的困境

时代不断发展进步，英语教学也面临越来越多的挑战，英语教育的问题主要体现在以下方面：一是部分学生的自主学习能力较差，缺乏学习兴趣；二是英语课程中的词汇、语法传授导致学生的学习进度缓慢，部分学生还在采用背单词、背短句、刷题的方式提高英语能力；三是英语课程中对学生英语和语用能力的培养较少，学生的交际能力得不到提升；四是大学生来自全国各地，受学习背景和生活环境的影响，学生间的英语水平有着明显差异，这也说明了环境对于学生学习英语有重要影响；五是英语改革的推进使社会中出现了英语无用的言论，有人认为学校在英语教学方面投入了很多人力、物力，但是英语的教学质量和效果并没有得到提升，这也会打击学生英语学习的信心。面对这些困境，在大学英语中加大中华文化的比重，坚定学生的文化自信尤为重要，如何培养学生成为高质量的人才也是当下需要重视的问题。

(三)中华文化在大学英语教学中缺失的原因分析

不同的民族和文化都有不同的语言和思维方式,语言的学习需要以双方的文化为基础,不仅要学习英语国家的语言文化和思维方向,也要重视本民族的文化,只有这样才能进行中西文化的对比,在对比中了解差异,做到有效沟通和表达。但是在实际教学中,教师忽视了对本民族文化的渗透。比如,大学生知道重阳节是"Double Ninth Festival",但是关于重阳节背后的历史文化和风俗习惯却一知半解。原因之一是教师在进行英语教学的时候没有进行相关的文化讲解;原因之二是生活在开放环境中的当代大学生,其中一部分学生面对外来文化的冲击,思想观念和思维方式受到影响,英语学习显示出极强的功利性,将英语看作一种获取证书的工具,忽视了学习英语文化的意识,这些学生虽然完成了学业任务,但由于文化自信的缺乏和对西方文化的追捧,将不利于个人的发展与成长,也不利于中华文化的传播。

三、运用文化自信优化大学英语教育的策略

(一)提升教师文化素养

学生英语知识的来源主要是教师,教师素养的高低直接影响着学生文化素养的高低,因此教师要不断提高自身的文化素养,紧跟时代的发展潮流,自觉担负起传播先进文化的责任和引领学生思想的重任,自觉坚定文化自信。英语教师可以在英语教学中转变认知观念,深刻认识到英语知识学习背后的文化渗透,纠正其认为学生学习英语的目的是了解西方文化的不正确观念,让其认识到学生学习英语的真正目的是提升学生的综合能力。英语教师在不断学习中华文化的过程中,提升自身的文化理解能力和教育能力,增强文化自信,在学习中对信息进行筛选,融入课堂教学。

(二)三个课堂多措并举

随着新一轮基础教育课程改革(简称"新课改")的推进,我国越来越重视学生的素质教育。在大学中学生的文化自信主要还是在课堂上培养,英语教学要适应新形势,将英语教学与思政元素相结合,发挥多层面、多方位的教育功效,

在潜移默化中加强学生的文化素质。教师可以将传统课堂作为第一课堂，将实践活动作为第二课堂，将线上课堂作为第三课堂，实现三个课堂一体化、立体化、全方位教学。

首先，第一课堂是传统课堂，在传统的课堂中，教师处于主导地位，对受教育者实施教学活动，教师在课堂教学中可以将教材与当下的热点问题衔接起来，锻炼学生解读文化的能力。

其次，第二课堂是课外实践教学活动。课外实践教学活动的内容依旧围绕第一课堂的内容展开，但是强调学生的主体地位，教师充当引导者，课外活动形式可以采取学生喜欢的模式，比如辩论会、"吐槽会"等。以举办"吐槽会"为例，针对国内外的实时热点事件进行探讨，学生可以就这些事件阐述自己的观点和看法，不仅使学生开阔了视野，加深了对时事政治的了解，还能让学生在教师的引导下，明确是非观，坚定文化自信。

最后，第三课堂是线上课堂。线上课堂是以信息技术为载体，在网络上开展教学活动。教师利用学习交流平台进行授课，或者利用QQ、微信等在线聊天软件和学生进行沟通，引导学生利用互联网开展自主学习。这是一种新的学习方式，打破了传统教育的时空局限。

（三）将中华优秀传统文化导入大学英语教学

我国拥有悠久的历史、深厚的文化底蕴、丰富的物质财富和灿烂的精神文明，这是我国不断发展进步的基础，是培养学生文化自信的灵魂和根基。面对当下大学英语课堂主要围绕西方文化展开的现状和中华文化在英语课堂的失语现象，高校英语教师应该起表率作用，在英语教学中引入中华优秀传统文化。对此，教师一方面可以让学生在英语学习中积累与传统文化相关的英语词汇和专有名词。比如对联、武术、琵琶、古琴、端午节、重阳节、京剧、昆曲、风筝、刺绣、神话故事等。另一方面教师可以留出专门的一节课，作为实践课程，让学生用英语对中华文化进行分享，比如地域风俗习惯、神话故事、爱国事迹等，学生在进行英语分享时，教师要认真聆听，在分享完成后给予及时的指导。学生在分享的过程中，不仅提高了自身的英语口语表达能力，而且加强了对传统文化的认知，坚定了学生的文化自信。

(四)将先进文化融入大学英语教学

这里的先进文化特指中国特色社会主义文化。中国特色社会主义文化具有鲜明的时代性、民族性、科学性、实践性、开放性、群众性,是文化自信需求的核心灵魂,是文化自信建立的深刻感召。一是鲜明的时代性,社会主义文化要不断走向市场化、全球化;二是民族性,先进文化中的民族精神是中华民族创造出来的,是中华民族特有的精神;三是科学性,先进文化要符合文明的发展方向和轨迹;四是实践性,先进文化立足于中国改革开放和社会主义事业的建设;五是开放性,先进文化一方面是对中华民族优秀传统文化的继承与发展,另一方面也要面向世界,吸收借鉴优秀的外来文化;六是群众性,先进文化站在最广大人民的立场上,以为人民服务为宗旨,以人民为根本。《大学英语教学指南》指出,大学英语教学和中国特色社会主义文化相结合,不仅有利于大学生个人未来发展,还有利于传播中华文化。大学生通过学习富强、民主、和谐、团结、友善等中国特色社会主义文化的核心内容,可以帮助大学生重塑价值观,增强文化自信。因此,英语教师可以在课前让学生搜集关于中国特色社会主义文化和社会主义先进文化的相关内容和资料,在搜集中感受先进文化对我们生活的影响和指导作用;英语教师也可以为学生提供相关资料和新闻报道,在课上让学生进行阅读拓展;英语教师在为学生讲授西方文化的时候可以找准切入点,引进中国特色社会主义文化的发展成果,在中西文化对比中,让学生不断提高对中国特色社会主义文化的文化自觉、文化自强,以及"四个自信"即道路自信、理论自信、制度自信和文化自信。

第三节 跨文化交际影响下大学英语教学的路径

一、跨文化交际影响下大学英语教学策略

文化和语言的关系密不可分,这就要求学习者在学习语言的时候不仅要进行语言知识的学习,还应该对相关的文化知识进行学习,培养自身的跨文化交际意识和交际能力。语言的学习过程就是文化的熏陶过程,掌握语言就需要掌握语言背后承载的文化。要想有效提高学生的交际能力,需要学生同时学习语言和相关文化知识。

培养跨文化交际能力在学术界是研究重点。首先是在认知层面，采用的方式一般有讲课、使用音像制品、阅读有关材料、网络教育等，认知层面的发展变化并不能完全等同于情感态度的变化，也不代表获得各种能力。其次在情感层面，采取的方式包括典型案例分析、实地体验、与不同文化背景的人交流互动等，具有多样性。最后在能力层面，语言能力是可以通过讲课习得的具体、科学、可检验的能力，语言能力之外的其他能力可以在生活和工作中获得。大量实例证明，跨文化交际能力的培养是一项复杂艰巨的长期过程，仅仅通过课堂授课培养是不可能实现的，但英语课堂的教学是跨文化能力培养的重要途径。

跨文化交际能力的培养途径不仅有英语教学，还可以通过地理、历史、文学等学科的文化知识教学来实现。跨文化交际能力的培养需要社会和学校环境的支持，也需要英语教学及其他学科的密切配合。英国高等教育界一直认为，只有实地体验才能获得高层次的交际能力，跨文化交际也是如此。因此，在对学生进行跨文化交际能力培养时，一方面需要精心设计教学环节，另一方面需要课外的配合，比如去国外学习、工作等。实际上，在很多的大学，外语专业都为学生提供了去国外交流的机会，如互派交换生、互认学分，在培养学生外语能力的同时，也培养了学生的跨文化交际能力。生活在不同的文化环境和与不同文化背景的人进行交流对跨文化交际能力的培养具有重要的作用。

值得关注的是，我国在2000年的英语教学大纲中就提出了要培养跨文化交际能力，把跨文化交际能力设置为低年级的概况课程和高年级的文化课程。概况课程和文化课程可以给学生提供西方国家的文化、历史、地理等认知知识，可以在认知层面培养学生的跨文化交际能力。但是这只是从单一层面为培养学生的跨文化交际能力提供知识，要想真正培养学生的跨文化交际能力，需要将培养贯穿整个英语的教学过程。这就要求英语专业的课程建立在跨文化的层面上，即便是一篇基础教学阶段的课文，也需要进行中西文化对比，不断提高学生的文化意识。我们可以在英语教学中进行大胆创新，站在跨文化视角（intercultural perspective）进行英语教学。此外，在大学英语教学中对跨文化交际能力的培养不仅要落实在教学内容上，还需要涵盖教学方法，因为，跨文化交际内容在大学英语教学内容上的体现不能有效提高跨文化的交际能力，还需要方法的配合。

需要明确的是，"培养学生的跨文化交际意识"与"形成学生的跨文化交际意识"并非一个含义,培养是通过过程形成的结果。在中小学阶段的英语学习中,"形成学生的跨文化交际意识"是一个很高的目标,如果说中小学阶段是"培养学生的跨文化交际意识"和"形成跨文化交际意识"的基础阶段,那么大学阶段的英语教学就是"让学生在体验跨文化交际的过程中,逐步形成跨文化交际能力"的阶段,作为英语教师要明确跨文化的交际能力是一个长期的、艰巨的任务。因此,培养学生跨文化交际能力需要循序渐进,在多管齐下的教学活动中提升跨文化交际能力。

(一)提升大学英语教师教学技能和整体素质

英语教师在学生语言知识的学习和学生交际能力的提高中都扮演着重要的角色。因此,大学的英语教师必须不断提高自身的英语教学技能。为了使大学生跨文化意识得到提高,英语教师一方面要对学生进行主观的指导,另一方面要更新与创新教学理念。比如说,在英语教学中进行文化背景的渗透,让学生感知中西文化的异同;在英语教学中,要根据实际情况对教材内容进行删减,在与学生的互动中引导学生,并且可以利用当地的文化引起学生的兴趣,吸引学生对语言背后的文化内涵进行探索,在这个过程中提高学生的文化意识,提高自主学习的能力。

一方面,互联网的飞速发展给大学英语课堂带来了全新的模式,英语教师可以利用现代信息技术进行英语的教学。比如:利用网络直播进行跨时空的教学活动;开通微信公众号,让学生在课下也可以学习知识,在提升学生英语学习兴趣的同时培养学生的跨文化意识。

另一方面,在英语课堂中,学生应该成为课堂的主体,教师可以采用对比法、实物教授法及任务教学法来进行英语教学,在提高英语教学质量的同时,使学生掌握跨文化交际的相关知识,并总结实践中的经验和启发。当然,学校也可以开设英语小班教学,开展和文化有关的选修课程,保证每个学生可以在课堂上进行有效的自我展示。

大学英语课堂中,教师应该扮演引导者和组织者的角色,在课堂上组织学生开展有意义的教学活动。比如,可以组织学生定期观看具有浓厚文化色彩的电影;组织学生参加英语演讲、辩论、配音、英语角等活动,让学生在实践活动中感受中西文化差异，在活动结束后教师要引导学生分享心得体会，使学生加深对跨文化交际能力的认识。

（二）教材与课程的设置

提升学生对语言文化的理解能力与跨文化交际的能力，在英语课堂中需要对英语教材进行筛选。英语教师对教材的选择与编排对跨文化教学的质量有着重要的影响，语言的差异背后是文化的差异，在英语教材中出现的一些对话应该是真实环境下的语言交际。语言学习要与不同的文化背景相结合，教师应该注重对学生语言知识和跨文化知识的拓展，让学生体验到不同的民族文化特色对语言造成的影响。对于教材的编写，既要包含词汇、语法及写作的相关内容，也应该在教材中体现跨文化交际的相关知识，使学生在理解语言文化背景中进行思维的拓展，提高学生多角度思考问题、解决问题的能力。在遵循学生学习规律和认知能力的基础上，教师要有意识地培养学生的跨文化交际能力与文化的认同感，采用多元、复杂的方式进行跨文化教学，提高学生跨文化学习的意识和能力。

1. 教材立体化

对于大学英语教材中的文化知识，教师可以采用网络手段让学生了解西方的文化知识。当今时代，随着互联网及现代科技的发展，我们了解西方文化的媒介越来越多，可以通过多媒体、网络等渠道来了解西方文化。首先，教师可以在课堂上让学生观看视频，这样可以更直观地了解学习的内容，加之教师对内容的解说，使学生对西方文化理解更加深刻。多媒体辅助教学可以调动学生学习的积极性和提高教学质量。其次，在课堂教学中加入经典著作，通过小组讨论和表演，使学生加深对国外著作的认识。这样的教学活动可以培养学生对文化差异的分析和比较能力，也可以使得英语教材更加立体、更加具有趣味性。

2. 教材特色化

在英语课堂中学习西方优秀文化的同时，也要重视本民族文化的学习。使用英语表达中华优秀传统文化，一是可以增强民族自信心，培养学生的爱国情怀；二是可以在跨文化交际中传播中华优秀文化，提升跨文化交际的成功率；三是扩大世界对中国的了解和认识，在翻译中华优秀传统文化（中国经典民间故事、特色美食）的过程中，将我国的文化精髓传向世界。

（三）将现代信息技术运用到跨文化教学中

1. 构建跨文化交际语境

如何在大学英语的教学过程中构建较为真实的跨文化交际语境呢？首先，教师可以在教学中使用英文原版的影视资料及网络聊天工具。通过改变信息、资料的获取方式和交流方式，来帮助学生理解多元文化。其次，利用虚拟技术，模拟真实的语言交流场景，让学生在虚拟的教学情境中习得语言，在文化的输入、输出中提升交际能力，增强语言的运用能力。

2. 建设立体化教学资源库

首先，外语类教材建设应该深度挖掘网络及其配套的多媒体资源，建设更广阔的数字化教学资源平台和信息资源共享的数据库。适应当下多媒体技术和网络技术的发展，可以采取线上和线下的阅读来提高学生的阅读能力，不仅能够丰富学生的知识体系，使学生养成良好的阅读习惯，而且能够提高学生的文化敏感性及学生的语言运用能力。

其次，现代科技的发展，使教师可以创设即时、新型的教与学的环境。该教学环境可以满足多种教学方式和学习方式，比如资源共享、信息获取、自主探究、情境创设、启发思考、多重交互、协作学习等。

最后，信息技术的发展，为跨文化交际对话提供了可能。如以各种教育媒体为基础的智能语言课程，可以构建语言学习过程中的对话框架，增加交际对话教学的可能性。总而言之，将多媒体技术、计算机技术与大学英语相结合，有利于构建全新的教学环境，优化教学过程，不断丰富教学活动，最终提高教学质量和效果。

（四）加强大学与外界的联系和交流

大学是学术的前沿阵地，各个大学在培养人才方面应该起先锋带头作用。一是大学通过定期的培训和出国访学交流的方式，不断提升英语教师自身的能力；定期举办文化交流活动，提高英语教师的跨文化交际意识。二是加强与其他高校和国外高等学府的交流与合作，如互派交换生、留学生，以此来促进大学与国际接轨，促进大学的国际化。社会实践对于学生的语言知识的学习和跨文化意识的培养都有着重要的作用，是跨文化交际中具有鲜活生命力、真实性的平台。社会的动态性与双向性，可以在活动中很好地锻炼学生的抗压能力和心理素质。

(五)学生自身的努力

大学英语教学的培养对象是大学生,在英语教学中教师要对学生进行正确引导,不能打压学生的积极性,要使学生对学习充满信心。作为学生,不管是在课上的英语教学中还是在课外的实践活动中,都要敢于表现自我,在实践中、在不断学习中进步。学生可以自发组成小组,进行交际练习,模拟交际情境,进行心得体会的分享,在实践中提升自身交际能力。

培养学生的跨文化交际能力是最终的目标,也是一个潜移默化的过程。只有将语言知识、思维认知及社会实践相结合才能实现跨文化交际能力,因此教师和学生需要共同努力。

二、大学英语不同能力教学中跨文化交际能力的培养

(一)大学英语听力教学中跨文化交际能力的培养

1. 依托体裁分析理论

在大学英语听力教学中,很多新闻报道被用来当作英语听力理解的内容。英语教师可以抓住这一点,运用体裁分析理论,让学生明确具体体裁的结构和语言词汇特征。英语新闻分为新闻导语和正文内容两个部分,大多是"倒金字塔"结构。所谓"倒金字塔"结构是指在一则新闻中包含多个事件,按照重要性对事件进行评级,并按照重要性递减的顺序排列。新闻导语指的是包含人物、事件、时间、地点、原因等内容,概括新闻事件主旨的一句话。大学英语教师在进行英语听力教学时,应该立足学生的生活,选取与学生生活学习密切相关的材料,主要是因为学生对这些内容比较关注、感兴趣,不会分心,这样教师在进行英语教学时可以顺利推进教学工作,提高学生对新闻导语的敏感性和对新闻导语的捕捉能力,使学生从心理上突破对此类型听力材料的学习障碍。英语新闻听力教学中还有一个问题就是:新闻中有很多专有名词及缩略词,在使用上具有自身特色,这给学生的听力学习和训练带来了困难。英语教师可以针对这个问题,在进行听力前,将听力材料中的专有名词和缩略语进行整理、归纳、讲解,以此降低学生学习词汇的难度。比如说在报道灾害的英语新闻中,主要涉及两种词汇,即自然灾害词汇和人为灾害词汇。

2.启动问答教学法

从人际交往的角度来说,教学活动是一种交际的过程,因而,问答教学法成为一种重要的教学方法。问答教学法不仅突出了学生的主体作用,还能在表达中促进学生认知和情感能力的发展,被众多学者所推崇。

(1)问题的类型

教师提出的问题类型主要有以下几种:第一,针对语言的问题,即文本直接或者间接提供的内容;第二,针对信息的问题,主要是基于客观信息的问题和主观信息的问题;第三,认知层面问题,主要包括辨认、回忆、创作等。这三类问题相互作用,互为补充,共同为英语听力教学服务。

(2)不同类型问题的不同应用

不同类型问题的不同应用说的是针对不同类型的问题,英语教师应该将其放在合适的、恰当的听力教学阶段中。在听力教学中主要包含两个相互连接、相互融合的阶段,即理解阶段和习得阶段,理解和习得的关系是:习得的基础是理解,习得又促进理解。

首先,理解阶段。教师可以对重要的语言结构和内容进行提问,问题可以是叙述文章大意和细节理解等类型的开放式和展示性的问题,这些问题可以加深学生对语言结构和语言使用规则的理解,还能对学生的听力理解情况进行检验,这些都能为学生之后的习得阶段做准备,推动语言的内化。在听力内容播放结束之后,教师通过开放性和参考性问题来明确学生理解的情况,比如:利用推理、赏析等主观问题,引导学生反思自己的理解过程,对文中的要点进行重组,以此培养学生解决问题和评估问题的元认知策略。

其次,习得阶段。听说结合是最显著的活动,教师在这个阶段会让学生回答关于语言重组的问题,帮助学生将语言输入转化为语言输出,在这个输入、输出的过程中实现语言的内化。教师要提醒学生注意新的语言形式和功能,针对语言设计相应的信息重组与文本类问题,让学生运用听到的语言形式进行创造性表达。

(二)大学英语口语教学中跨文化交际能力的培养

1.情境教学法

英语学习的最终目的是交流,英语交流是在一定情境中发生的,因此依托一定的情境才能使英语学习取得更好的效果。口语的学习也是如此，假如一个婴儿出生在英语环境中，其自然而然就能学会英语；一个口语较差的学生在出国一段时间后，其英语口语水平也会得到提高。由此可见，情境在口语教学中非常重要，教师在进行口语教学时要尽可能使学生在真实的语境中学习口语，只有这样才能使学生的表达更加地道，角色表演和配音活动是两种典型的情境教学法。

（1）角色表演

口语练习方式中深受学生喜爱的方式就是角色表演。大学生群体是活泼好动、有表演欲望的群体，角色表演与大学生群体的特点正好相符合。角色表演的方式可以丰富课堂模式，改变单一的授课方式，最大限度地激发学生的积极性和表演欲望。因此，英语教师在口语教学中应多组织学生进行角色表演，突出学生的主体地位，让学生自己分工排练，进行表演，在演出结束以后，英语教师可以让学生发表一下感受，可以是表演技巧的，也可以是语言运用的，在学生进行总结后，教师再对此次活动进行点评与总结。

（2）配音

配音可以很好地锻炼学生的口语表达能力。在配音练习中，英语教师首先可以选取影视作品段，先让学生听一遍电影的原声对白，其间教师要及时讲解对白中涉及的知识点；其次让学生再听两到三遍原声对白，并且进行记忆；最后教师将影视作品段调成无声，让学生进行配音。教师在选取影视作品的时候要注意以下几点：

第一，影视作品的发音要清晰、标准，语速适当，这样才容易被学生学习、模仿、记忆。虽然有些影视作品很经典，但是语速非常快，对于英语水平较低的学生而言，太难模仿，会降低学生的积极性。因此，教师在进行配音活动时应该选择发音清晰、标准的，内容情节简单的影视作品。

第二，影视作品的内容要恰当、语言信息要丰富。虽然一些动作作品很经典、很优秀，但是内容可能不适合这个阶段的学生，作品中的语言信息比较少，不适合作为配音活动的素材。

第三，选取的影视作品最好配有英文字幕，当然若是中英文字幕都有会更好。若是没有字幕，学生可以对台词进行背诵，若是学生对作品情节非常熟悉也可以不用背诵记忆。

第四,选取的影视作品内容要尽可能贴近生活。贴近生活的作品在语言上也更贴近现实生活,学生在进行配音时会比较容易,也能在日常生活中学以致用,在配音活动中体会英语学习的实用性。比如《功夫熊猫》《花木兰》等电影,其情节简单幽默、语言清晰,又含有中国的文化元素,是很好的配音电影素材。

2. 文化植入法

(1) 文化植入的概念

"植入"最早出现在医学领域,是医学名词,后来慢慢应用于其他领域,我们最常听到的就是"植入式广告"。"植入式广告"常常出现在影视剧和综艺节目中,是为了达到营销目的,在影视作品、综艺节目中融入产品与服务的视听品牌符号,"植入式广告"常常给观众留下深刻的印象。英语口语教学中的文化植入与"植入式广告"有异曲同工之妙。详细来讲,无论再精彩的广告,如果让人们直接观看,看得太多也就厌烦了,甚至产生适得其反的效果,文化学习也是这个道理。如果学习只是开设了文化课程,生硬的学习只能让学生失去学习的兴趣,面对博大精深的文化内容产生退却心理。但是通过文化植入,在英语的教学中融入文化内容,不仅能吸引学生的注意力,还能使学生在潜移默化中加深对文化的理解,提高英语口语的教学质量。

(2) 文化植入的原则

对文化植入的内容选择应该遵循以下原则:

首先,在精不在多原则。文化知识内容繁多,而且背景复杂,因此,在英语口语教学中,教师要找准合适的切入点进行文化的植入。找准切入点一方面有利于激发学生的学习兴趣,另一方面有利于增强口语练习,使学生口语能力得到提高。一旦学生打开文化世界的大门,就会主动学习文化知识。

其次,适当原则。文化在植入的时候不是无原则地植入,也不是随便植入,植入的文化内容要深入浅出,难度适宜,要符合学生的兴趣爱好,要能在英语教学中提高学生的口语水平。要做到这一点就需要教师在了解学生兴趣的基础上找到深受学生喜爱的文化内容,在了解植入的文化内容后,通过简单、直观的方式呈现给学生。英语教学中植入的文化内容不能太过于深奥也不能太肤浅,否则会削弱学生的学习积极性,阻碍学生的口语学习进程。

最后,服务于口语教学原则。英语口语教学中植入的文化内容,需要围绕口语教学开展,且与口语密切相关。文化植入的最终目的是帮助学生更好地使用英语,所以文化的植入要为英语口语教学服务。

(3)文化植入的方式

如果将文化生硬地搬到英语课堂中,就与一般的文化课程一样了。英语教师需要采用合适的方式将文化内容自然地融入教学中,服务于英语口语教学。文化植入在口语教学中不能喧宾夺主,要在潜移默化中辅助教学。文化植入的方式主要有如下两种:

一是直接呈现。所谓直接呈现是指教师在进行植入文化内容选择时选择与教学相关的文化主题,将其直接在课堂进行展示,教师引导学生对文化主题进行思考与理解。教师可以在引入时利用现代多媒体的手段,比如在与建筑有关的口语教学中,学生需要对建筑进行描述和表达,教师可以利用多媒体导入与建筑有关的内容(如建筑的时代背景、建筑的风格等),在这些内容中融入学生需要掌握的一些表达技巧。植入的文化内容一方面可以让学生了解学习内容,另一方面还能对学习内容进行实际运用。这样的方式可以使学生加深对知识的理解和相关文化的理解,也可以使学生的口语练习更加有针对性。

二是间接呈现。所谓间接呈现是指教师根据学生的实际状况及英语教学要求,在教学中设计一些如游戏、竞赛等具有灵活性的小活动,植入文化内容。

3. 文化渗透法

文化渗透和文化植入有着相似之处,即在教学活动中引入文化因素。具体而言就是不同的语言有着不同的文化背景,因此需要结合语言文化来理解语言的含义。这就要求英语教师在进行口语教学时进行归纳总结,在教学中渗透英语文化,加深学生对于语言的理解,提高学生的口语表达能力。文化渗透方式有以下几种:

(1)文化对比法

文化对比法指的是在英语口语教学中,让学生通过对中西文化对比,了解不同文化间的差异,培养学生的跨文化交际意识和能力。教师在教学中先对中西文化的差异进行讲授,然后指出学生因不注意中西文化差异而出现的口语表达错误和交流失误。这样学生在对比、理解、改正中掌握中西文化的差异,减少之后的交流失误。除此之外,学生在了解差异的基础上,尊重不同民族文化与风俗习惯,提升处理语言与文化关系的能力。

（2）交流学习法

学生进入大学之前就有一定的英语学习基础，具备一定的英语水平，甚至一些学生拥有跨文化交际的经历。英语教师可以对这种情况加以利用，让学生在课堂上进行交流，在交流中促进彼此的进步。

（3）教师引导法

教师引导法是重要的英语口语教学方法，教师在教学中以及和学生的交流中，要做到时刻有效引导。当学生出现交际障碍的时候，教师需要及时给予帮助，进行启发式引导，帮助学生跨越障碍，在尊重学生主体地位的基础上，加强文化知识的熏陶，激发学生的学习积极性和提升学生运用语言思维的能力。

（三）大学英语写作教学中跨文化交际能力的培养

1. 自由写作法

自由写作的主要目的是让写作者克服心理的压力，不断激发思维活动，探索写作的主题内容。自由写作是一种思维激发活动，属于创作阶段的一种活动形式。

（1）自由写作的特点

自由写作不用考虑如何写出吸引读者的开头，不用考虑写作的先后顺序，不用考虑上下文如何进行衔接，只需要让自己的思想如泉水一样涌出即可。写作者在10分钟内持续不停地写作，如果不知道如何继续写下去，就可以重复最后写的话或者写不知道，直到有可以写的东西为止。若将自由写作比作跑步，跑得太快或太慢都是不利的，应该在保证速度的同时提高质量。

自由写作的关键点是要一股劲地写，不要阅读写过的内容。这看似简单，实际上对于大部分人来说是很难的，毕竟在之前的学习中受过的写作训练是写作时要写得得体、工整。自由写作时不需要担心这些，不用在乎语法、标点等错误，不用在乎写作的内容是否有说服力，不需要顾虑读者是谁，只需要让自己的想法自然流露，写出内心真实想法，不需要修饰改正，不要让笔停下来。写作者可以设想自己的文字是透明的，自由写作就是让写作者写出自己的原始思想。自由写作中写作者可以对主题列提纲，只要提纲对写作者而言没有约束即可，写作者也可以随时将想法、看法、感想等记录下来，不需要在乎是否正规。当然，写作者应该尽可能地将思想集中在一个主题上，可以改变写作的顺序，当涌出新的思想或想法时，也可以重新组织自己的观点、要点。

当写作者感到困惑或者仅有一点点想法，再或者写作者没有时间慢慢写作时，可以通过自由写作来激发思维，不要停下来，在写作中思考自己的思想主题和内容。

（2）自由写作的三个步骤

首先，寻找写作的范围，时间为5分钟。有人认为这些东西杂乱无章，让人摸不着头脑，但是细细品读这些句子，其中蕴含着某些情绪，这些情绪是写作者最关心、隐藏在内心深处的思绪或者想法。这些思绪或者想法也许在日常生活中被写作者忽略了或者是被注意到但不知道如何表达。这些思绪和想法是写作者通过自由写作找到的，蕴含着写作者自己真实想法，这也是写作者的写作范围。写作者找到其中的亮点词汇或者是句子，这是下一个步骤的线索。

其次，寻找写作材料，时间为5分钟。这个步骤以第一个步骤中找到的词汇或者句子为主题展开写作，写作者在这个写作范围中进行自由写作。虽然是有一定的范围、有所约束、有的放矢的写作，但是写作者还是可以尽情地、放松地进行写作。在完成写作以后要将所写文字细细研读，对其进行分类整理，明确文章的层次架构。

最后，成文。这个步骤与正常的写作是类似的，不同之处在于在自由写作的前两个步骤中为写作者明确了写作范围和感兴趣的写作材料，成文阶段是在此基础上，写出完整的文章。在自由写作的前两个阶段，相当于是写作者通过文字语言使构思外化，可以充分发挥写作主体的主动性、能动性、创造性，是对构思过程的一种解放。

（3）用自由写作创造自己的风格

初学者顾虑会比较多，会把自己的原始语言转化为他们认为更加得体、更加规范的语言，在这个过程中失去了自己的语言声音。初学者有很多好的、清晰的语言，但是在写作创作中未能直接说出自己内心的想法。比如他们寻求同义词，用 obtain 代替 get，用 proceed 代替 go，不说 "I think we should"，而说 "One imagine the solution could be..." 等类似语言。写作者使用的不是自己的声音，这就会出现语言和词汇的错误。

在自由写作中，写作者没有时间去寻找语言的替代品；自由写作中写作者是放松的，在恰当的速度中进行写作，这使写作者没有时间考虑语言的华丽或朴素。

在自由写作中，可以真实地表达写作者内在的想法，当写作者在写作中使用原始语言进行表述时，就会发现自己的真实想法，这样的文章更具有个人特色，其中一些待修改的问题，对于自身而言也是有意义的。自由写作的内容很凌乱，但这正是创作文章的基础材料，写作者需要在这些内容中找寻有用、有价值的材料进行创作。如果说写作者不知道哪些是有用的、哪些是无用的，可以先分类，放在一边，对其进行筛选和评判。有用的句子、无用的句子、好的想法、不好的想法都是互相连接的，写作者在头脑中是无法进行有效区分的，只有写出来摆在写作者面前才能进行区分，如果太早将不好的想法删去，可能会丢掉好的想法。可以说，写作与学习和教育一样，教育是依靠判断，开始判断时将内心的知识挖掘出来，在此基础上进行清理、改进，之后将其放在更为广阔的环境中。只有挖掘出来进行使用，学习才不会是虚饰。

在自由写作过程中，读者的两面性是中心问题。读者的两面性，一是说读者是一切，读者决定着写作者的内容，决定写作的顺序。写作者是具有责任心的交际方，本着对读者负责的态度，会思考读者需要什么。二是在写作早期阶段，对于写作者而言，读者的要求是一种束缚。为了预测、顾及读者的要求，写作者在一开始就不能真正表达自己的想法，不能顺利开展写作。甚至由于太过于考虑读者，会出现写作者迎合读者进行创作的现象，这是写作的错误之源。但是在现实中，读者喜爱和受到感动的文章并非写作者刻意讨好读者的作品。总而言之，写作者在进行自由写作时，不能忽视读者的要求也不能被读者所左右，而是应保持一定的距离。对此，写作者可以将读者群体设想成比较容易接受意见、比较安全、易于相处的读者，之后再对文章进行修改，使现实中一些具有挑战性的读者也能接受。

自由写作是一个动态的、激发思维的创作过程，就像是与老朋友在深夜的咖啡馆聊天儿。自由写作中，临时性的东西也许是有用的东西，可能会在写出的很多可能用不上的材料中，发现可用的材料。

2. 语块教学法

英语中存在词汇程式现象即成串的语言结构，语块就是这些词汇的组合。语块教学法是教师可以在跨文化交际背景下使用的教学法，是一种行之有效的写作教学方法，被广泛应用于英语写作教学中。教师采用语块教学，一方面使学生掌握语块的概念、分类等基本知识，明确语块可以促进语言的提高；另一方面，学生会重视语块的积累并在学习中运用，使得学生的文章更加优美、更加顺畅、更加地道。因此，英语教师可以从以下两个方面进行语块教学：

（1）构建相关的话语范围知识

什么是相关的话语范围知识呢？它主要包含与主题相关的文化知识和社会知识。这是写作教学中的第一步，具有重要作用，但是在传统的写作教学中未被重视。对此，英语教师可以从以下几个方面入手：

一是让学生掌握与话语范围相关的知识。教师可以与学生进行沟通交流，也可以让学生了解其他同学的相关经历。

二是对与话语范围相关的中西语言进行比较研究，了解语言的异同，了解语言背后的文化内涵，了解话语范围受文化背景的影响。

三是选择、列举、整理与话语范围有关的词汇和表达形式。

具体来说，教师可以开展以下教学活动：

一是教师在进行教学之前准备好与话语范围相关的语篇，引导学生探讨比较，发现语言的异同。

二是引导学生分享亲身经历，对旅游经历、旅游地、旅游工具等进行描述。

三是教师让学生准备一些照片、视频、实物等与主题有关的物品。

四是让学生对语篇进行阅读，站在写作阅读的角度，了解掌握语篇中的语言符号、辨别意义等。

五是举办一些与主题有关的活动，加深对主题的认识，比如在购物主题教学中，让学生去超市购物。

六是教师要引导学生对语篇中的生词进行归纳总结，与原有的知识建立联系，内化为自身知识。

（2）建立相关语类的语篇模式

在建立相关语类的语篇模式阶段，主要有以下四个写作目的：

一是使学生清楚了解和把握语类及相关主题的语篇。

二是使学生深刻了解结构潜势与语类结构。

三是使学生把握语篇语境。

四是使学生了解交际的功能和目的。

为此教师可以从以下三个方面做出努力：

一是教师在分析语篇中，向学生传达语类相关的知识。

二是教师在分析语篇中，让学生感受语类相关的词汇、结构等，并学会运用与表达。

三是教师在分析语篇中，使学生明确语类的社会意义。

教师可以安排以下几种教学活动：

一是教师为学生阅读一遍语篇。

二是与学生一起阅读语篇。教师可以采取领读的方式，也可以让学生轮流读。

三是让学生根据语篇的内容推断语篇的社会背景、文化背景及作者的写作目的、意图等。

四是分小组对语篇观点、内容等进行讨论交流，结合之前的类似语篇，进行整合归纳。

五是教师带领学生分析语篇结构框架，比如段落的构成、设计是否合理等。

六是教师为学生找一些相似的语篇，来训练语类结构的构建方法。

七是教师引导学生以语类为基础，对语法模式进行规律总结和归纳。

八是教师引导学生思考语类与语法模式的关联性。

3. 对比教学法

对比教学法是英语教学中常常采用的教学方法，在写作教学中可以提高教学质量，每一种语言都有着自身的特色，与其他语言有着天然的差别，英语教学中通过对中英语言的对比，可以让学生了解差异，提高英语水平。

在英语写作教学中，英语教师可以在批改学生英语作业时使用对比教学法，即在对学生作业中不符合英语表达习惯的语句、词组进行标明的同时，标明正确的、地道的英语表达。这样可以使学生简单、明了地理解中英语言差异，减少之后的英语写作失误，提高写作水平。

4. 网络教学法

随着科学技术的蓬勃发展，各种依托于科技成果的教学方式不断出现，典型的就是网络教学法。网络教学法是一种有效的、突破时空局限的教学方法，为大学生学习英语提供了良好的平台。

英语教师可以在写作教学中采用网络教学的方法，具体操作如下：

首先，让学生充分利用网络的资源，不断积累素材。鼓励学生在写作中利用网络查询信息、资料，在这个过程中学生的自主性被调动，也可以提升学生独立思考的能力，对于教学来说，有利于转变传统的、单向的教学模式。

其次，教师可以让学生自己利用网络进行英语的阅读，在阅读中不断学习新的词语，增加词汇量，为英语写作打下坚实的基础。

最后，教师可以创建线上教学课堂，为学生提供互相交流的平台，利用这个平台与学生展开讨论、交流，指导学生的写作实践。

5. 综合教学法

众所周知，英语学习中的几项技能并非孤立存在的，而是相互影响、相互联系的。因此，在英语写作教学中，综合教学是很重要的教学方法。将英语的其他技能与写作技能相结合，一方面体现了事物间普遍相互联系的观点，另一方面可以促进英语教学质量的提高。这里主要介绍听写结合、读写结合、说写结合及写译结合四种。

第一，听写结合。听写结合就是将听力与写作相结合进行教学。一是边听边写的教学方式可以促进学生写作能力的提高。教师可以为学生朗读，也可以让学生听录音，在听的过程中让学生记录他们听到的内容。值得注意的是这里的内容应该是多样的、丰富的，既可以是教材中的原文，也可以是课外读物中的小故事、优美的文章。二是在边听边写的基础上进行深化，可以让学生对所听到的内容进行复述。学生可以集中注意力听三遍，听录音或者教师朗读，在听完之后直接口述或者笔述。值得一提的是在这个阶段，学生一字不差地复述是困难的，教师不能有太高的要求，学生能总结复述出文章的大意即可。学生在口述或者笔述中可以提高自身的英语表达与组织能力，打下坚实的写作基础。

第二，读写结合。读是写作中素材的重要来源，写可以巩固和加深阅读内容，提高阅读能力，因而，英语中的读与写是相辅相成、相互促进的关系。实际上，很多学生对于阅读都是只理解内容和主旨即可，不会从中吸取有用的写作素材，面对这种情况，英语教师要在学生阅读时，让学生体会文章中的写作技巧、遣词造句的方法，对于好的词组、句子进行摘抄，养成记笔记的习惯，随着积累的不断增加，学生的阅读能力可以得到提升，学生的写作能力也能得到提升。

第三，说写结合。说和写是相互联系、相互贯通的，将说和写相结合有利于提升写作的教学效果。在英语教材中有很多有关对话的文章和材料，英语教师可以加以利用，让学生将对话改为简短的文章。学生在进行转换中需要注意人物的人称变化、语态及时态变化，在转换中学生可以运用所学的新词汇、新句型，加深对知识的理解与运用。此外，教师可以引导学生在课堂上进行讨论，比如，将写作的题目或者主题写在黑板上，让学生分组讨论，合作完成写作的任务，在写作完成后，选出代表上台展示作文，教师和其他学生可以作为读者进行阅读、讨论和点评。

第四，写译结合。写和译是相互联系的，二者结合不仅可以提高学生的写作能力，还能提高学生的语言意识和运用能力。英语教师可以将二者进行结合，针对学生的特点和能力，进行语言表达习惯、语法、篇章结构等方面的训练，使学生在了解中英语言差异的基础上，培养语言思维转换意识。

第五章　新时代大学英语教学的创新

"渗透式"交际在大学英语中的广泛应用推动了英语教学改革的步伐，现代信息技术的发展也使得大学英语教育教学方式发生了改变。信息化的教学方式取代了传统的"粉笔+黑板""满堂灌"的教学方式，教学方式的转变体现了全新的教育教学理念，推动着教学质量的提升，促进了大学英语教育的持续健康发展。本章将从跨文化思维的构建与"渗透式"交际模式的创新、信息化背景下英语教学的创新发展及大学英语跨文化体系构建的创新与发展这三个方面来探讨大学英语教育的创新发展。

第一节　跨文化思维的构建与"渗透式"交际模式的创新

一、英语课堂教学跨文化思维的构建

英语课堂教学的理念主要包括五点：一是注重跨文化交际能力培养的全面性；二是考虑和体现跨文化交际语境的复杂性与多元性；三是注重英语课堂上真实语境的创设；四是以学生为主体，充分调动学生的积极性和主动性；五是注重培养学生的自主学习能力。

（一）注重跨文化交际能力培养的全面性

英语课堂教学要注重跨文化交际能力培养的全面性，即知识、能力、态度、素养四个层面上的均衡、全面发展与提升。知识、能力、态度、素养是跨文化交际能力的四个部分，这四个部分相互渗透、相互连接、相辅相成。因此，在英语课堂教学中，一是要重视跨文化交际能力的知识与能力学习；二是要重视对跨文化交际能力中的态度、素养方面的培养；三是跨文化意识和敏感性也是重要的培养重点；四是通过中西文化的对比，提高学生的文化比较能力，培养学生的论述

和评价能力；五是培养学生的语言运用能力和实践能力，提升学生将知识应用到语言和非语言交际中的能力。在英语课堂之培养学生跨文化交际能力的方式、方法有很多，笔者在此不一一论述，仅针对跨文化交际意识、态度与素养的相关内容进行探讨。

首先是跨文化交际意识的培养。对于交际意识的培养最好的办法就是让学生处于英语文化的情境和氛围中，英语教师可以利用现代科学技术和现有的教育资源，在英语课堂中灵活地采用教学方法培养学生的跨文化交际意识。有学者提出了六种培养学生跨文化交际意识的办法，具体如下：

（1）学生通过对本国不同地区和不同民族文化的理解和学习，明确文化与语言之间是相互影响和相互作用的关系。

（2）学生通过对英语教材的学习和探索，了解学习相关的文化知识。

（3）学生可以通过影视作品、小说、报纸、杂志、广播等渠道学习语言的文化知识。

（4）模拟交际情境，利用网络、聊天室、电子邮件等现代传媒，对学生进行分组，分成跨文化交际双方，进行模拟训练，让学生体验真实的交际场景，不断锻炼和提高学生的跨文化交际能力。

（5）有效运用文化信息源，请有出国经历或者有跨文化交际经历的教师或者外教进行经验分享，学生通过与其交流、讨论，加强对相关文化知识的学习和了解，培养学生的跨文化交际能力和意识。

（6）进行跨文化交流实践，学生可以通过与留学生或者外教面对面交流，增强跨文化交际意识。

以上六种方法，一方面可以增加学生跨文化交际的经验，增强学生的跨文化交际意识；另一方面学生在了解和学习本国文化及其他国家文化的过程中，可以提升跨文化交际能力。

其次是培养学生的跨文化交际态度与素养。英语课堂中，对于态度和素养的培养，可以在英语课堂中采用隐性和显性相结合的方式。英语教师课堂活动的开展应该以尊重人权、尊重他人为基础，不管是小组活动、结对练习，还是全班讨论都应该遵循一定的原则，基本原则主要有以下几点：一是活动的参与者要敢于表达自我，善于倾听他人的观点和看法；二是尊重讨论活动中的权威性；三是激烈辩论中也要使用礼貌用语；四是不能使用带有歧视倾向的、不文明的词语；五是对人物进行评论的时候应该保持尊重；六是在活动中抛开个人偏见、文化偏见。总之，使用礼貌、恭敬的话语和方式，在潜移默化中使学生学会尊重他人和他国文化，运用礼貌的交往策略，避免歧视，培养学生的跨文化交际能力。

（二）考虑和体现跨文化交际语境的复杂性与多元性

英语课堂教学应考虑和体现跨文化交际的复杂性。首先，在全球化的背景下，语言使用具有多元文化的特性，这就要求学习者需要对语言背后的多元文化进行把握和学习。随着全球化进程的加快，英语不断扩散，呈现多样化的特点，为世界通用语言。英语的使用范围越来越广，世界上越来越多的非本族语者间使用英语进行交际。值得一提的是，通用语言是多元文化的语言，而非统一语言。英语的国际化使得英语具有复杂性和多元性，这会使跨文化交际出现很多问题和障碍。面对这个情况，学习者在运用英语进行跨文化交际的时候，需要从多元角度出发认识英语，需要了解和学习多元文化知识及掌握世界文化，而不仅仅是对部分国家的文化进行学习。

其次，目的语使用群体也具有复杂性，这就要求学习者对英语的变体有所了解和包容。以本族语者为基准的教学模式是不符合实际的、有约束性的。任何事物在广泛传播中都会发生变异，这是正常的、常见的，当然语言也是这样。在全球化的时代，英语作为通用语被广泛传播，英语使用者的人数不断增长，加之使用者的地域分散性和文化的异质性，导致英语在传播中出现了变体和杂交，产生了多种"新英语"，这就是说，在多元的社会语言、文化语境中，出现了很多符合当地语境的语言形式及标准。例如，新加坡人、中国人讲的英语和美国人、英国人讲的英语，在语法结构、发音等方面存在差异。这就要求英语的学习者在进行跨文化交际中，意识到交际对象的文化背景差异导致英语的表达方式存在差异，要包容英语的变体，正确看待英语的分支和衍生。

在英语课堂教学中，教师要鼓励学生站在多元文化的视角看待语言和文化的问题，避免单一的、统一的文化造成的狭隘观点，培养学生的多元文化意识。学生应该积极探索本民族和其他民族的文化，教师教学的文化内容不仅要包括英语国家的文化知识，还应该包括本国和其他国家的文化知识，进行多元文化知识教学，学生通过对文化的比较、反思，不断增强对本民族文化的认同感，提高自身的跨文化交际意识与能力。从语言教学的方面来看，学生需要熟悉英语国家的标准语言使用，还需要了解与包容英语的变体。英语的变体、杂交与使用者的语境密切相关，因此在英语课堂中，不仅需要关注标准语篇和约定俗成的语篇，还需要关注语篇中蕴含的社会语言。在跨文化交际中，学生应该知道，由于交际对象的不同，语言的意义、语用等会发生巨大的变化，因此学生在进行跨文化交际时应培养跨文化交际意识，根据交际对象的不同，调整交际方式，转换自身的思维模式，以达到交际目的。

（三）注重英语课堂上真实语境的创设

培养语言使用能力需要具备以下条件：一是和本族语者接触，二是具备使用目的语的语言环境，三是具备使用目的语的机会，四是学习者的个人参与。在大学英语课堂中实现语用、形式、意义三者结合的教学是有难度的，一是我国缺乏英语的使用环境，学生很难有学习语言的动机和积极性，二是缺乏跨文化交际的机会。对此，教师在英语教学中，可以为学生创设跨文化交际的环境和氛围，争取为学生提供跨文化交际的机会。学生在实际的跨文化交际中接触英语、运用英语，可以使课堂中出现的问题得到解决；还能在课堂上运用在实际跨文化交际中学到的知识，使语言知识得到检验和运用，在此基础上得到升华，在这个过程中提高学习兴趣。

如何在英语课堂教学中构建跨文化交际语境呢？首先，我们应该知道，在现实生活中，人们很少使用教材中的语言方式进行沟通交流，所以这就要求教师在课堂教材的选用上选择真实的素材进行教学，让学生感知真实的语言运用。教师也可以为学生提供一些与真实生活紧密相连的文化信息，让学生将其与本民族文化进行对比分析。其次，从课堂的教学方式入手，如果有条件，可以邀请外国友人参与教学活动；通过展示介绍外国纪念品或者有外国特色的物品来营造跨文化交际的氛围；通过多媒体设备和音频、视频资料在课堂上构建跨文化交际的语境，向学生展示英语在真实交际环境中的使用；利用局域网增加师生、生生交互练习的机会，在网络技术的帮助下，使学生和外国友人进行同步或延迟的跨文化交际。

（四）以学生为主体，充分调动学生的积极性和主动性

大学英语课堂教学要着重突出学生的主体地位，充分调动学生的积极性和主动性。首先，在人文主义教育思想中，帮助学生实现自我，最大程度地发挥学生自身潜能就是教育的主要任务。在该教育思想中，教学的任务是解放学生思想、开启心智，而不是对学生进行传授、灌输或训练。学生自身和学生之间的活动过程决定着教学的成功。其次，学生的"学"比教师的"教"更加重要，课堂的终极目标不在于"教"，检验教学成功与否的试金石是学生行为的改变。在教学活动中，出现学生需求与教学进度不符的时候，教师不能只顾完成教学进度，忽视学生的需求。就学生而言，学生应该主动融入学习中，不断练习，提高能力。再次，学习的活动涉及多个学科和领域，如心理学、社会学、教育学和神经生理学等，而且学习活动的推进包含内外因等多重作用。学生语言学习的内在因素主要有：知识构建能力、个性、个体的主观能动性、先天遗传的语言能力及后天的认知能力等。教学过程应该是学生主动参与和师生良性互动的过程。最后，"渗透式"培养模式是一种从"培养"跨文化交际能力到"发展"跨文化交际能力，最终达到"自主、可持续发展"的过程模式。需要注意的是，个人成长、人生经历、人格完善、社会化过程与跨文化交际能力的发展是同步进行的，因此，要以学生为主体，实现量变到质变的过程。总而言之，英语课堂教学应该以学生为主体和中心，不断调动和激发学生的积极性，教师在教学过程中的角色是学生语言学习的合作者和引导者。

英语课堂教学以学生为主体考虑的因素有：一是学生在教学中的参与度，二是学生参与和互动的质量，三是学生对教学的影响度，四是学习成果与教学产出，五是教学和学生生活经历的联系程度，六是教学反映学生需要和喜好的程度。为了落实以学生为主体的课堂教学，教师应该站在学生的视角来看待问题，根据学生的反馈，及时调整教学方向，帮助学生解决困难。英语教师在进行课堂活动设计时应该考虑到学生的兴趣，要丰富活动形式，当然，也可以让学生参与课堂教学活动的内容设计及学习活动的设计，让学生选择学习的方法，明确学习的范围。教师也要指导学生该如何学习，怎样才是最有效的学习方式。教师的关注点应该着重放在学生如何学习上，而非学生如何看待自己及自己在课堂上的行为。在英语教学中，英语教师应该引导学生主动学习，增加学习的动机和积极性，提高课

堂的互动次数，改变传统的教师主导、学生被动学的模式。

如何在英语课堂上充分调动学生的积极性和主动性？可以通过以下方式来进行：一是英语教学中，教师设置恰当的、合适的教学目标和学习目标，可以实现的、短期的目标可以激发学生的学习积极性；二是英语教师在英语教学中，创设可以激发学生学习热情和积极性的教学环境和氛围；三是教师要选择合适的、真实的语言素材；四是教师要选择学生感兴趣的话题和内容；五是充满乐趣和挑战的交际任务可以激发学生的积极性，需要教师进行教学活动的精心设置；六是教师要不断完善自己，不断促进自身的发展进步，提升个人的魅力，与学生间保持良好的师生关系；七是教师的反馈和评价可以帮助学生进步。

（五）注重培养学生的自主学习能力

控制自己学习的能力就是自主学习能力。自主学习能力是一种关于学习的态度，也是一种学习的能力。自主学习者可以确定学习的目标，自己决定学习的内容和学习方式，并在自我监督与评估中不断进步。自主学习，是学习者本着对自己学习负责的态度进行的学习，是责任能力和学习能力的总和。对于自主学习的理解，不同的文化背景下的人们有着不同的理解，在此，仅列举三种解释：一是学习者可以利用资源进行学习；二是在课堂上，学习者可以有意识、独立、有效地学习；三是学习者可以终身独立学习，即使离开教师和学校，也愿意去学习。

培养独立的学习者是教育的最终目的，培养和提高学生的自主学习意识和能力是学校教育的目的。英语课堂教学的重要目标就是要实现学生在课堂上的"无声"和"有声"自主学习，在英语学习中使学生充分发挥自身的积极性、主动性、自主性、创造性，为学生今后课外自主学习和发展作好铺垫、打好基础。跨文化交际能力构成要素的重要组成部分就是自主学习能力，而且"渗透式"培养模式的目标是通过能动发展应对变化，来实现学生跨文化交际能力的自主培养和可持续发展，因此需要加强学生的自主学习能力。

影响学习者自主能力的因素有：文化因素，学习者的个性、动机，教师的作用等。首先，在英语学习中，实现自主学习，教师要引导学生养成对自己、对学习负责的态度，引导学生设定目标，教师也应该让学生有充足的时间去思考、反思、提问、总结。其次，教师在教学中要教育学生从整体上全面地思考问题，满足学生对自主学习的需要，教师要帮助学生学会学习策略，提升学习能力，不断提高学习的效率和质量。当学生遇到问题时，教师要及时给予帮助，帮助学生找到解决办法，也要为学生提供自己负责自己学习的机会。

二、"渗透式"交际模式构建的创新

"渗透式"培养模式是一种跨文化交际能力培养模式。"渗透式"培养模式可以应用于英语专业和公共英语教学中，以培养跨文化交际能力。

（一）"渗透式"交际模式的培养理念

跨文化交际能力"渗透式"培养理念的一个突出特点就是渗透，渗透包含两个方面。一方面，大学英语教学及相关环节应融入跨文化交际能力培养的主线，为跨文化提供完整的基础，要依据已有培养理念和模式来架构跨文化交际能力的框架，借鉴已有的培养途径和方法实证研究，根据当下的现状来分析培养体系。具体来说，大学英语教学及其相关的环节要对跨文化交际能力的培养目标进行统一，明确跨文化交际能力培养的理念，明确所要遵循的、具有一致性的培养标准，整合各个环节，采取多样的方式进行全方位、立体化的渗透和培养，切实提高学生的跨文化交际能力。值得注意的是不能局部、片面地培养学生的跨文化交际能力。

另一方面，跨文化交际能力培养也应与学生的个体发展相融合，突出学生的主体地位，充分调动学生的积极性和主观能动性。跨文化交际能力的提升是一个长期性、多方努力的结果，不是一个人或者一天就能够实现的。跨文化交际能力的培养要具有前瞻性、长久性、可持续发展性，要实现由在校培养到离开学校后可持续发展，培养的过程中要注意内外因的共同作用，在学生个体的发展过程中不断渗透跨文化意识与交际能力。要想提高学生知识、能力、态度和素养四个层面的跨文化交际能力，需要让学生不断地学习与实践，在不断积累中实现跨文化交际能力的提升与发展。

（二）"渗透式"交际模式的培养目标

"渗透式"交际模式的培养目标如下：大学英语教学要促进学生跨文化交际能力的知识、能力、态度、素养四个层面的全面发展，使学生可以高效、得体地进行跨文化交际，实现跨文化交际能力的可持续发展和自主性培养，使学生最终成为跨文化人。跨文化交际的培养目标是需要一步步实现的，它指导着跨文化交际的内容和过程。

（三）"渗透式"交际模式的培养原则

"渗透式"交际模式的培养原则如下：一是培养内涵明晰化，二是培养实施体系化，三是培养方式多样化，四是培养过程循序渐进。下面将对这些原则进行详细的论述。

1. 培养内涵明晰化

"渗透式"交际模式下跨文化交际能力的"培养"主要包含两个含义，一个是通过外因的教育、辅导及培训来发展跨文化交际能力，另一个是内因的个体自主发展跨文化交际能力。提升部分能力是短期性的行为，具有短期效应，需要一定的时间与空间。通常来讲，提升学生的听力理解能力，可以通过短期课堂教学、个人训练、特定培训等来实现。但是学生拥有跨文化交际的能力则需要长时间的文化积累，跨文化体验、实践，以及个人素质的提升。

"渗透式"培养强调发展的重要性和内因的重要性。首先，"渗透式"培养，强调的是培养的动态发展特征。跨文化交际能力的培养不仅是在学校中的，而且是需要强调跨文化交际能力的可持续发展。因此，学校为了让学生在毕业以后可以继续学习和发展跨文化交际能力，可以让学生在校期间打好方法、策略、知识、能力、技术、资源等方面的基础。其次，跨文化交际能力由"培养"到"发展"，最终让学生实现自主、可持续发展，需要重视内因的作用，由"培养"到"发展"的过程需要以学生为主体，实现由外至内、内外结合、量变到质变。一般来说，个人的人生经历、个人成长、人格完善、社会化过程与跨文化交际能力的发展是同步的。由于学习者的成长经历不同、性格特点不同，因此他们的思维方式、信息接收情况、信息敏感度也不同，在进行教育教学时，就需要针对不同的学生，采取针对性的跨文化交际能力培养方式与方法。同时，跨文化交际能力的培养需要将教与学紧密结合，课上与课下相辅相成、学校教育教学与学生自主学习结合、社会需求和个人需要兼顾，只有这样才能培养出符合社会发展的，具有全面性、发展性、全球性的人才。

2. 培养实施体系化

跨文化交际能力培养主线要注重学科间、各环节间的共同作用，并渗透到大学英语教学及相关环节，形成完整的、立体的、全面的跨文化交际能力培养体系。首先，跨文化交际能力培养的目标、意识、理念和内容应该渗透在英语教育教学的大纲制定、课堂教学、课程设置、课外实践、师资培养、教材建设、测试与评估等诸多环节。众所周知，英语教学的各个环节是相互影响、相互连接的，高校的语言教学包含教学原则、教学方法、教学技巧、教材编写和使用、语言理论、课程设计等多个方面，是教师、学生、课程标准、教学方法、教材等相互作用的结果。跨文化交际能力的培养需要各个环节的协作，需要各个系统的连贯，是一个整体协作式的培养模式，上到教学理念、教学大纲、课程设置、测试与评估，下到课下实践、国际交流与合作、教材编写和使用、教育技术的应用，都需要各方共同努力，密切合作。

其次，注重学科间和各个环节间的协作。将跨文化交际学与英语教学、语言教学、文化教学相融合，将教学与实践结合，这是"渗透式"培养模式所强调的。一方面，跨文化交际能力的培养是一项跨学科任务，英语教学与跨文化交际学不仅需要相互借鉴，还需要密切合作，为共同的目标而努力，最终融为一个整体，跨文化教育应该拓展到所有的课程中，而不是仅仅和语言教育相关。另一方面，文化和语言是不可分割的，文化和交际也是不可分割的，因而，英语的学习与对英语国家的文化学习也是无法分割的。这就要求构建文化教学和语言教学一体的教学模式，实现语言教学和文化教学的深度融合。此外，跨文化交际能力认知过程体现在课堂学习、个人学习和实践体验三个环节，三个环节相互结合、相互补充，不断丰富学生的跨文化交际知识，不断使学生的跨文化交际能力得到锻炼，共同促进学生的跨文化交际能力的提升。

3. 培养方式多样化

"渗透式"培养方式多样化的原则，指使用多种渗透方式来培养学生的跨文化交际能力，在教育教学中将能力培养、知识传授、交际实践相结合，有利于学生跨文化交际能力的提高。在实际的教学中，教师可以采用多样的文化体验和实践活动，来开阔学生的视野，增强学生的跨文化交际意识和能力。首先，在英语课堂上，教师应该使教学方式多样化，积极为学生创设英语的语言环境和情境，增加学生实际使用语言的机会。在英语教学中，要改变传统的授课方式，强调学生的主体地位，教师可以根据教学的内容、性质和学生的特点，采取角色扮演、案例分析、个人陈述等教学方法。教师在选择教学材料时，要将现代信息技术与英语教学相融合，构建立体化的教学资源库，充分利用现代科技的优势，弥补传统教学中的不足及跨文化交际语境的缺失。

其次，高校应该利用现代科技的优势、学校丰富的资源、各种各样的社会资源为学生提供跨文化交际的机会，增加实践活动的数量。一方面，学校可以在校内创设文化环境，使学生通过定期开展的文化活动，不断增加自身的文化体验；另一方面，在校外，和国外高校开展国际交流与合作，促进学生的国际化培养、师资的国际化培养及课程的国际化，为学生提供跨文化交际的机会，最终促进学生跨文化意识和能力的提高。

4. 培养过程循序渐进

跨文化交际能力的培养是一项长期的工作，它不是一朝一夕可以完成的，也不是阶段性的工作，需要一步步浸润、提高。这也就是说，跨文化交际能力的培养是一个循序渐进、由浅入深的渗透过程。一方面，跨文化交际能力的培养与发展是一个由浅入深的过程。由培养直接作用于跨文化交际的语言能力、交际能力等，到培养那些起间接作用，但却同样起决定性作用的能力，即创新能力、思维能力和学习能力。跨文化交际能力的培养是由学习表层文化知识到习得深层文化价值观的过程，是由传授知识到培养跨文化交际意识和能力的过程。当前的英语教学中存在着一些问题，比如，教师在教学中对文化知识的讲解并不深入，仅停留在很肤浅的层面，但是文化的内涵是动态的，是不断发展变化的。因此，在英语教学中应该培养学生的文化意识，让学生理解文化的差异。

另一方面，培养跨文化交际能力是一个循序渐进的过程。语言的学习过程不是一个垂直上升的过程，是一个循环往复、螺旋式上升的过程。语言的螺旋形本质体现在语言结构的学习中，也体现在语言学习涉及的所有领域。跨文化交际能力构成要素的发展的敏感性是不同的，因此需要不同的培养方式、不同的培养时间、不同的培养环境，这体现在：一是在知识层面的培养，它包含特定文化的价值标准、价值观、文化差异、跨文化交际过程的知识的培养，是一种认知活动，可以在短时间内学到；二是在技能层面的培养，它可以在短期到中期实现；三是态度层面的培养，包括认知能力（开放、创新思维、重视不同）、交往管理能力（情绪控制）、情感力量（内在目的、探险精神）等，它是一个中长期的学习过程，具有一定的难度。跨文化交际能力的发展对于学生的"学"来说，是一个长期积累、实践的过程，对于教师的"教"来说是一个长期的、浸润的过程。总而言之，跨文化交际能力培养是循序渐进的过程，跨文化交际能力是在构成要素的相互影响和相互发展中螺旋式上升的。

（四）"渗透式"交际模式的培养内容

跨文化交际能力框架不能与高校英语教学中跨文化交际能力培养的特定培养内容划等号，后者只是前者的一部分内容，这是因为：首先，跨文化交际能力的培养并不单纯依靠英语这一门学科，需要多个学科共同配合、共同作用，同时跨文化交际能力的培养只是英语教学的一项目标；其次，作为一种复杂的综合素质和综合能力，跨文化交际能力中一部分因素的提升并不要求与语言能力的提升同步。在跨文化交际能力的培养中，大学只是其中的一个阶段，大学生跨文化交际能力的培养任务多在大学时完成。在大学完成基本的跨文化能力的培养后，学生就可以在社会生活中具体应用这种能力。所以，需要先界定跨文化交际能力在高校英语教学中的培养内容。

跨文化交际能力在我国高校现阶段的英语教学中有着重点的培养内容。在对前文所述的培养跨文化交际能力的理论和实践的基础上，综合我国现阶段高校跨文化能力培养的发展情况，笔者认为现阶段我国应该通过促进高校大学生的态度、知识、能力、素养等方面协调发展，来培养大学生的跨文化交际能力。高校在培养学生的跨文化交际能力时需要同时注重显性因素和隐性因素的作用。下面是笔者对我国目前高校英语教学中跨文化交际能力培养的内容界定。

1. 知识部分的培养内容

高校学生在培养跨文化交际能力时，需要从表层文化知识和深层文化知识两方面来使学生对文化知识有更深的认识，高校学生不仅要了解目的语国家的相关文化，还要对本民族的文化和世界上其他民族的文化有所研究。在这里，可以将知识的培养内容分为语言知识、社会知识和专业知识。目的语的词汇、语法规则（句法、篇章等知识）和发音规则（语音、语调）；目的语的使用规则；语言的变体、分支和衍生；不同国家和地区的人的方言、口音、发音习惯；不同国家和地区的交际风格、语言及非语言交际特点；文化与语言之间的联系和作用等六方面都是语言知识的培养内容。社会知识包括三方面的内容，分别是社会学、心理学知识、政经知识、法律知识；本国和他国的社交礼仪、国际餐桌礼仪；重大社会事件、重要国际盛事／赛事，如奥林匹克运动会开／闭幕式、奥斯卡颁奖礼等。专业知识则包括学术写作格式、商务谈判礼仪、国际贸易单证制作、商务函件写作等知识，专业知识的培养需要学科教育与语言教学相结合。

2. 能力部分的培养内容

英语交际能力和跨文化交际能力是交际能力培养的两方面内容，培养前者的目的是使学生可以通过英语同外国友人进行友好交流，培养后者的目的是使学生与除本国和目的语外的其他国家的友人进行交流。在实际的教学活动中，高校需要培养学生做到能够依据交际环境、交际任务、交际内容、交际对象的不同来准确、流畅、得体地进行跨文化交际。在实际的交际活动中，非语言交际能力与语言交际能力同样重要，不能忽略前者，因为文化差异在非语言交际行为中同样存在。

高校学生跨文化能力的培养包括学习能力的培养、跨文化能力的培养、合作能力的培养、专业能力的培养、社会能力的培养等几方面。学习能力的培养指的是培养学生的观察能力、判断能力、解决问题能力、创新能力、自主学习能力、寻找资源和使用资源的能力、使用现代技术的能力等。跨文化能力的培养说的是培养学生可以理解并接受其他文化的价值观、行为的能力。合作能力的培养指的是培养学生与他人（不局限于同学）的合作解决问题的能力。专业能力的培养需要将学生所学专业与英语结合起来培养专业技能，比如，高校师范学院学生的英语教学要与学生的教育能力培养相结合。社会能力的培养说的是促进学生适应能力和应变能力的正常发展，使其可以在实际的跨文化交际活动中更加游刃有余。

3. 态度部分的培养内容

在培养学生跨文化交际能力时，交际态度的培养相当重要，需要使学生形成积极、开放的交际态度和交际心态，让学生认识到跨文化交际是一种珍贵的经验。需要让学生知道，在与其他国家的对象进行跨文化交际活动时，既要尊重他们的价值观念和文化选择，也要坚定对本民族文化的文化自信。

面对高校学生个体，学校要对学生的心胸、信心、胆量、好奇心、求知欲和敏感性重点培养。另外，学生对跨文化学习、跨文化交际的兴趣同样需要注意。

4. 素养部分的培养内容

在跨文化交际能力中，素养部分的培养指的是培养学生良好的品格、健全的人格、优秀的心理素质，使其成为真诚、善良、诚实、谦逊、有同情心、有涵养的人，并且可以从容、得体地进行跨文化交际。

（五）"渗透式"交际模式的培养环节

有效的语言教学是包含教师、学生、课程标准、教材、教学方法等在内的多个因素共同作用的结果，这些因素相互影响。有效语言教学涉及多个方面，分别为教学原则、语言理论、课程设计、教学方法和技巧、教材使用等。高校英语教师需要对教学观念、教学原则、教学模式、教学目的、教学方法、教材使用和课外引导方面重点关注，落实跨文化交际能力的培养和训练目标。所以，跨文化交际能力培养的环节受到师资、课程标准、教学大纲、课程教学要求、课程设置、教材、教学方法、教学手段、测试和评估等因素的影响。高校英语教学的各个环节需要协同发挥来实现跨文化交际能力的培养。高校英语教学当前课程设置层面需要遵循系统性、实践性、目标性和国际化的原则。基础课程、专业课程、理论性课程、实践性课程都应该围绕国际化英语人才培养目标，各项课程之间应该有所关联，不能各自为政。另外，国家化课程模块在当前是需要丰富的项目。教学方法和教学手段应该基于具体的课程性质、教学内容、教学技术状况审视这些学生的需求和喜好。值得注意的是，针对非英语专业的学生，除了为这些学生开设常规的大学英语课程、公共英语课程外，还可以为其提供跨文化交际的选修课，如英语文化普及、跨文化交际技巧、中西文化比较等课程。总的来说，教学模式不应该是死板的，应该是灵活多样的。

英语师资和英语教材是高校英语教学的两个重要因素。高校英语教学师资结构和发展应该与跨文化交际能力的培养相匹配，高校英语教师也应该满足跨文化交际能力对于教学素质、教学能力等方面的要求。同时，跨文化交际能力的培养对于高校英语教材的选择和使用也有一定的要求。

全面性和方式多样性是跨文化交际能力评价的关键。在具体的测试和评价过程中，在注重学生语言知识、语言能力评价的同时，也要重点关注学生的文化知识和跨文化能力。在评价学生的跨文化交际能力时，要注意从全面的视角观察，对于潜在能力和相关能力的评价也要重视起来，比如，在评价学生交际体验和分析的表现时，需要对学生从所处的本族语言和文化到目的语语言和文化转换的表现做出评价。测试和评价的方式和方法应该多种多样，不能仅仅通过口语和写作检测就对学生的跨文化交际能力做出评价。高校对学生跨文化交际能力的评价方式可以有如下几种：学生自我评价、要求学生完成论文撰写、辩论、个人陈述、进行文化比较等。

第二节　信息化背景下英语教学的创新发展

随着社会经济的发展，科学技术在教学中的应用越来越广泛，其中网络技术和多媒体技术在高校英语教学中的应用最为常见。在实际教学活动中，现代信息技术的运用为跨文化交际能力的培养提供了强大的动力。在新时代，充分运用现代信息技术，能够使高校英语教学效果实现最大化，从而实现培养跨文化交际能力的目标。

一、现代信息技术应用的理念

现阶段，对于现代信息技术在高校英语教学中所扮演的角色，有两种不同的看法：一些学者从辅助的角度出发，认为现代信息技术只在英语教学中起到一定的辅助作用，只是作为一种传达信息的手段，对于英语教学中的教学内容、教学模式等没有产生重大影响；另外一些学者从整合的角度出发，指出现代信息技术在英语教学中并不只是辅助的角色，能对教学内容、教学模式等产生重大影响，具有学习环境的相关作用，扮演着研究工具、学习工具的重要角色，能够引发教学内容、教学模式等的改变。在当下社会，第二种观点是人们普遍认同的观点，大多数人们都认为现代信息技术已经融入英语教学之中，应该在英语教学中充分发挥现代信息技术的作用。在英语教学中融入信息技术后，课程的构成范式就发生了变化，即由"理论、方法＋课程或教材"模式，转变为"理论、方法、技术＋课程或教材"的"3+1"模式，在新的课程构成范式中，教学理论、教学方法、现代信息技术将体现在教材或者课程之中。

在高校学生跨文化交际能力的培养过程当中，信息技术在作为一种教学手段和教学方式的同时，更应该与英语教学相结合。作为现代英语教学的一部分，信息技术在英语教学中发挥着重大的作用，如为英语课堂提供优质的教学资源、促进教学手段和教学活动多样化、构建多元化语境和促进学生自主学习等。

二、应用现代信息技术的方式

（一）应用现代信息技术构建跨文化语境

学习者对于目的语文化的态度是二语习得的关键因素，态度的转化过程为接触、适应、接受和趋同。当前，高校英语教学面临着全球化的背景和语境多元化的趋势，所以高校英语教学必须为学生创造相应的语境让学生进行练习，从而适应这种状态。在以往的高校英语教学中，语言教学多为指导和分析句子，而忽略了在实际语境中的应用，在今后的教学中，必须强化高校学生在这方面的训练，使学生可以在广泛的语境中积累经验。在信息化的今天，网络环境为英语教学提供了更多、更丰富的教学资源，学生实际体会多元化语境的机会也大大增加。在高校英语教学中运用现代信息技术，有助于为学生创设真实、自然、有趣的学习环境，让学生学习和领会非语言代码，从而分析和对照非语言代码与语言代码之间的文化差异。

在高校英语教学中，利用现代化信息技术为学生构建跨文化交际语境，可以增加学生跨文化交际的频率，弥补跨文化交际语境的缺失。另外，可以使用虚拟现实技术为学生创建仿真的交流情境，使学生体会跨文化交际语境，在立体化的文化输入、输出情境中提升跨文化交际能力。在高校英语课堂中，教师可以通过计算机辅助语言学习的语境来为学生创造互动的机会，尤其是在以计算机为媒介的交际领域。这种方式不但可以实时同步交际，也可以延迟交际，而且在与其他语言使用者进行交际的同时，也可以和相同语言使用者交流、切磋。

（二）利用现代信息技术建设立体教学资源库

在互联网十分发达的今天，对于英语教学来说，运用现代化信息技术建设立体教学资源库和教学平台非常重要。现阶段，高校教师备课的资源主要源于教材、工具书、配套教学参考书和网络上的资料等，可参考的内容有一定的限制。在信息化的时代，未来的英语教学资源应该更多地运用其网络资源和网络平台。另外，学习资料对于学生学习动机的训练和保持有着重要的影响，学习资料包含学习材料、学习的手段和条件等。基于现有的教学资源，运用现代信息技术能够促进教材结构向立体化、多媒体化改进，构建立体的教学资源库、建设现代化的网络教学平台。建立现代化英语资源库、整合并利用多媒体资源是影响英语教学效果的关键因素。文化的介质多种多样，包括但不限于声音、语言和形象，在互联网上有大量的历史、文化、语言教学资源，随着互联网的发展，网络教学资源将会不断丰富。对于跨文化交际能力的培养来说，高校英语教学中采用立体化、多媒体化的教学资源库和网络教学平台大有裨益。

（三）应用现代信息技术丰富教学方式方法

传统的教学方式方法已经不适应当今英语教学的发展，多媒体和网络正在加速现有的教学方式方法的改革。随着现代信息技术在教学中的不断应用，如移动电子设备的普及、智能计算机辅助语言学习、交际白板的使用等，人们对于教学中信息技术的应用越来越重视。在英语教学中的教育媒体多种多样，它们各自的功能是实现教学多样性的前提。

第一，现代信息技术在高校英语教学中的使用，对于学生的语言和文化知识和语言运用能力的提升有非常大的帮助。信息技术采用的视听教学相结合的方法，是现代教学必不可少的教育手段。在互联网的背景下，教师可以通过信息技术寻找网络上的英语报刊等资源，让学生阅读这些资源来丰富文化知识、提高语言运用能力、培养良好阅读习惯和对文化的敏感能力。当下，线上视频会议随着需求的增加越来越普及，这也为学校展开师生、班级之间的线上交流提供了手段。

第二，现代信息技术在高校英语教学中的使用，有利于营造新型教学环境。利用现代信息技术营造的教学环境能够实现情境创设、启发思考、资源共享、信息获取、多重交互、协作学习、自主探究等多种功能。远程教育成为学校进行教育的一大手段，高校课程可以使用信息技术来改善学习环境。

第三，现代信息技术在高校英语教学中的使用，有助于交际对话教学的实现。举个例子，信息技术在智能语言课程上的应用，对于二语习得过程中的对话框架的构建有很大的帮助。在信息技术中，网络上的博客、视频等是学生练习交际对话的方式，网络平台为学生提供互动的空间，微信是学生线上交流的渠道，模拟系统和智能计算机辅助语言学习工具为学生提供了适宜交际的环境，互联网上的模板为学生的自由产出提供了参照。

一些高校英语教师在教学中利用先进的电子设备为学生营造真实的交际环境，帮助学生了解跨文化语境，再进行测试和评价，取得了比较好的效果。这些教师在大学英语课堂中运用微格教学法，采取分组的方式使学生能有效完成教师布置的跨文化交际任务。学生在课堂上可以通过一些道具来进行真实跨文化交际语境的模拟，教师可以用摄像机记录下来并将画面展示给学生，让学生了解到自己和其他同学在跨文化交际中可能出现的问题并互相评价。基于观看的相关影视资料，学生可以在教师的指导下以小组为单位开展活动，也可以在课外进行角色扮演来训练交际能力。利用这样的教学模式和教学手段，学生可以更好地体会到跨文化交际语境，认识到自身的不足，还可以发挥自身主观能动性，进行自我评价、自我提升。同时，这种方法还可以提升学生的学习兴趣和对英语的积极性。利用现代信息技术进行英语教学，学生可以普遍提升语言、文化、交际知识储备，通过微格教学法和观看视频、录像，学生可以发现自身的优点和不足。

总的来说，将现代信息技术应用到高校英语教学所营造出来的教学环境，有助于丰富英语教学的方式和内容，对于教学过程和教学结果有着强力的推动作用。

第三节 大学英语跨文化体系构建的创新与发展

只有真正做到融合语言教学和文化教学、促进教师文化素质和能力提升，跨文化外语教学才能算成功，跨文化教学的目标、内容等各个环节才能够得到发展，才能够为国家和社会培养真正具有跨文化交际能力的人才。所以需要采取相应的教学策略来促进跨文化教学系统化。

一、跨文化交际能力培养的认知体系

在跨文化外语教学之中，认知指的是对教学理念、教学原则、教学目标和教学中相关关系的确定。

（一）树立正确的教学理念

在高校英语教学中，应该把跨文化教学观念的确立放在首位，传统英语教学的观念和认识应该有所改进。在当前阶段，对跨文化教育教学的相关思想和理论的研

究是我国外语界较为前沿的研究,这就需要国家相关行政部门制定相关的政策来引领国内跨文化教育相关思想的传播。在这方面,西方一些国家的先进跨文化经验值得我国借鉴,对于西方国家现有的成熟经验经过检验后可以对其进行扬弃。跨文化教育具有很强的时代意义,需要明确跨文化教育的内涵、目标、方法、原则。

在跨文化教学中,第一,教师要将文化教学与语言教学有机地结合起来。教师要摒弃不符合现代要求的教育理念,在英语教学中更新教育思想和理念,从语言意识、语言学习、文化意识和文化经历这四个彼此联系的方面出发,来充分发挥自身民族的文化在跨文化学习中的作用。第二,高校英语教师要转变自身的角色定位,不能只做知识的传递者,而是要将自身培养为集中西方知识于一体的学者型教师。如我国近代的学术大家钱锺书、吴宓、叶公超等之所以受人尊重、声名远扬,不只是因为他们的英语水平高,最重要的是他们博采众长,对于历史、文化、哲学等知识都有所精通。

跨文化英语教学中的教学理论框架是除教学理念外需要重新研究并明确的重要内容。进入 21 世纪后,新颖的体验式英语教学开始被广大学者所广泛关注。

体验直接经验是体验式英语教学模式的核心思想。在高校英语教学中,体验式英语教学需要教师想方设法地为学生营造模拟现实的跨文化语境,使学生在模拟的跨文化语境中习得有效内容、掌握相应的知识、提升交际技巧。体验直接经验是十分珍贵的,在直接体验的过程中学生能够养成独立自主的学习习惯,并且有利于培养他们实践创新的能力。

作为体验式英语教学理论发展基础的构建主义理论主张学生在学习中发挥主观能动性和主体作用,将学习看作一个构建的过程。在构建主义中,教学方法虽然有很多,但是不同的教学方法间存在共性,如教学情境和合作学习等。在构建主义理论中,学生的主体地位要被充分展现,教师要转变在教学中所扮演的角色,由知识的传递者转变为学生学习知识的协助者、知识构建的促进者。学生在构建主义中不是教师知识灌输的接受者,而是要根据情境创设和相互协作形成自身对知识的构建。体验式教学模式同传统的教学模式相比,更加看重学生的自主性,学生自主学习在体验式教学模式中占很大的比重和作用,也更加符合"内化"的学习认知规律。在体验教学中,学生可以体会模拟现实的交流语境,同时促进自身学习积极性和跨文化交际能力的提升,在以后实际的交际中游刃有余。体验式教学不仅是一种交际教学法，而且有任务教学法的特点。在体验式教学中，学生可以随时随地地通过互联网技术进行学习，网络教学平台和教学资源为学生提供丰富的教学资源，使体验式教学成为可能。现代信息技术在教学中的利用使学生的学习不再像以往那样枯燥无味，丰富的教学资源、教学方式和手段有助于激发学生主动学习更多的文化知识，促进了英语教学理论的发展。

文化不是静止的，而是动态的，是在社会的变化下随时变化的。语言表达的含义受到已经发生的事情的影响，还未发生的事情也会受到语言意义的影响，同时具体的语言意义也会受到未来经历的影响，这是一个循环的过程。随着社会的发展、全球化的推进，世界不同民族人们的价值观念、思维方式、社会规范、生活方式也在不断地发生着变化。

综上所述，在跨文化教育中，英语教学应该以学生为中心进行，教师应该转变传统的以自身为中心的教学理念和教学方式，促进学生自主学习能力的提升，培养文化积累的能力和文化敏感性，加强文化学习体验，提升学生对不同文化差异的自觉性和主动性。因此，为了形成跨文化教学理论体系的形成，教师首先需要提升对跨文化教学的认知，更加深入地投入到跨文化教学中，以全新的教学理念和新颖的教学方法对学生进行跨文化教学。

（二）明确合理的教学目标

教育部2007年颁布的《大学英语课程教学要求》指出，学生的英语综合应用能力是大学英语课程教学的目标，改变了高校英语教学重知识传授、轻知识运用，重知识点记忆、轻能力培养，重阅读、轻听说写的现状，这一目标使我国高校英语教学的标准得到了提升，高校大学生交际能力的培养也受到重视。

现阶段，英语课堂上采取跨文化教学是为了使学生在生活中能够顺利地运用目的语语言进行跨文化交际，同时跨文化教学要求学生了解目的语的文化背景和语言的使用方法。跨文化交际的完成并不能单纯依靠理解语法、语调和语音，语言的使用规则相对于结构规则更加重要。通过跨文化教学，学生可以更好地进行跨文化交际，理解目的语使用者的文化、思想、行为。

跨文化交际中，学生对目的语文化的敏感性和包容度是跨文化交际成功的关键因素。所以，要想培养学生的跨文化交际能力，学生首先要对跨文化交际目的语的文化风俗、认知模式、思维习惯、合作态度有相应的了解。在跨文化交际的活动中，常见的一种问题是学生更加习惯从本国文化的角度出发来进行交际，而不是更加深入地去理解目的语文化的深层次内涵。教育者应该让学生通过多种方式，如参加培训等，深入理解目的语文化内涵，鼓励学生学会换位思考，站在目的语文化的角度观察研究，提升学生自身处理文化差异的灵活性和跨文化交际的敏锐度、宽容性，来促进跨文化交际活动的完成。基于此，对于目的语文化的扬弃与发挥本民族优秀文化有助于学生更好地进行跨文化交际。这不仅是高校英文教学的发展趋势，还是跨文化教学的最高目标和要求。

新时代高校英语教学的目标是培养学生的跨文化交际能力。学生跨文化交际能力的提升是教学服务于社会的需要，是英语社会功能的进一步演变的体现，与现代世界的发展趋势相匹配。而作为新时代的教学目标，要实现学生跨文化交际能力的提升就需要对原有教学理念和体系进行改革。

（三）正确处理大学英语跨文化教学应面对的三种关系

1. 本土文化与英语文化的关系

在当今国际社会，英语是全世界应用最为广泛的一种语言，也是全球通用的一种语言，这里面有两个层面的含义，一是它由全世界英语使用者共同享有，二是它包括各种地域、文化特征的本土化的英语表达形式。

我国的英语学习者学习英语不仅是为了了解世界其他国家，也是为了让其他国家来了解中国，所以，通过英语的跨文化交际是双向的。但是在我们的日常生活中，英语文化对我们的国家、社会等多方面产生了深刻的影响，如西方传统节日在国内的流行，西方快餐肯德基和麦当劳遍布城市各个角落，西方的流行音乐和影视作品受到广大年轻人的追捧，等等，这些现象充斥着我们的生活。

在西方文化于国内广泛传播的背景下，国内的一部分英语学习者更注重对西方文化的吸收和学习，而忽视了对我国优秀传统文化的学习和理解，这就造成了英语学习者在进行跨文化交流时不能准确地将中华文化的精华传递出去。所以，目前英语教学要解决的问题是协调好英语教学中的英语文化与传统文化之间的关系。

（1）重视学习者母语与母语文化的学习

一个民族的特征可从该民族使用的语言中窥知一二，语言中包含着这个民族的历史、文化、思维方式和生活方式。我国的母语是汉语，对于我们中国人而言，在日常学习和生活中已经形成了以汉语为中心的思维、生活方式，这种思维方式有助于中华优秀传统文化的传承和发扬。

（2）承认"中国英语"存在的客观性，并使其达到国际交流的目的

由于不同国家、不同民族的文化不同，所以一些国家在学习和传播英语时会产生英语变体，在我国则是"中国英语"，"中国英语"的使用要符合一定的规则才能被英语使用者所接受，应用"中国英语"时需要注意以下几点：

①国内的英语学习者在使用"中国英语"进行交际时，需要符合英语的使用原则，使"中国英语"具备可接受性。

②用"中国英语"表达我国特有的一些文化，如节日、传统习俗等。

③假如在使用"中国英语"进行交际的过程中，出现了一些双方文化之间的冲突，那么要尽可能地对冲突进行化解，从而完成跨文化交际的任务。

（3）英语教材可以适当增加中华文化的内容

以往的英语教材内容大都与西方文化相关，而现在需要将中华文化融入英语教材之中。同样地，教师在英语教学中也要融入中华文化，可以适当地加入分析双方的语言文化的内容，比较二者用法的不同，加深学生的理解。同时，教师要用正迁移将母语的相关学习经验利用到英语学习中，以获得更好的教学效果。

所以，在全球化的今天，英语教学中的中华文化与西方文化需要处于一个平衡的状态。在学习英语、了解西方文化的同时，也要同时向国外介绍、传播中华文化，这也是英语双向交流的功能体现，使学习者在跨文化学习过程中培养的跨文化交际能力、文化理解能力能够在全球化的背景下更好地发展。

2. 英语功用性与人文性的关系

作为交际工具，语言不但是文化的载体之一，同时也是人类文明的集中表现。所以，英语这种语言具有双重价值，分别为人文价值和功用价值。人文价值指的是语言是人们进行教育、文化传播的途径；功用价值指的是语言可以用来交际、认识世界，同时也是改造世界的工具。学生在学习语言的时候可以吸收人文知识，在学习人文知识时，也会顺带学习语言知识，在对二者的学习中实现知识积累和

心理积淀，形成良好的学习素养和人文素质。

在学校教育之中，英语评价的主要方式是考试，但是考试只能评价一个人英语知识的水平，并不能评判这个人的人文素养。所以，英语的人文价值和功用价值需要同时兼顾。社会经济使英语的功用价值有了用武之地，但是社会还包含经济之外的政治、文化等方面的发展。在当今的全球局势下，不同国家文明之间的交流和碰撞是不可避免的，文化的交流也是如此，英语作为一种文化的载体，也是与英语国家的历史和现实相联系的。高校英语教学不同于初级教育阶段，它不仅是为了传授给学生英语语言知识，还应该让学生理解英语国家的文化知识，促进学生跨文化敏感性、理解能力、意识、价值观的提升。

在互联网的飞速发展下，国际社会变得更加多元化和更加包容，人们要同其他国家的人进行交流，而英语是国际通用语言之一，学习英语可以拓宽视野，了解西方文化及中西方文化差异，促进个体的发展。

综上所述，教师要在英语教学中有机统一人文性和功能性价值，在对学生跨文化教学中加入人文素质的培养，采用人文品格分析法和意识引导法引导学生，拓展英语教学，进行文化课程的开设。

3. 语言教学与文化教学的关系

文化教学在英语教学中是十分必要的，可以从两方面来解释，首先是英语学习者的最终目的是与英语使用者进行交际，交际不仅仅需要语言技能的支持，对文化的理解也是交际成功的重要因素；其次，跨文化理解也是现代语言教育的一个目标。假如学习一门语言，但是不能理解其背后的文化内涵，那么学到的知识在一些地方很难派上用场。一个民族语言的形成和发展，对于这个民族的思维模式、生活方式、民族心理、传统文化、宗教信仰都有一定的影响。

在历史长河中，语言伴随着文化的发展而发展，在一定程度上，可以说学习语言也是在学习文化。想要了解一个民族的文化，可以从这个民族的语言入手，想要学习语言也必须了解其文化。文化是语言的载体，语言是文化的反映，二者关系十分紧密。民族文化对应着民族语言，文化与语言相互作用，文化的载体是语言，语言是文化的一部分。要理解语言必须了解文化，而要了解文化也需要相应的语言功底，所以，二者的学习只有同时开展，才能更好地了解语言中的文化内涵。

目前，我国高校英语教学中的语言和文化教学并不平衡，具体到教学过程中就是教师过多地强调语言的工具性，忽视了语言不能孤立存在这一事实，在教学计划的实施、教学内容的讲授过程中分离了语言和文化，将文化教学的地位放在一个很低的位置。这种教育方法在以往教育实践中十分常见，教师重点关注语言的语法、词汇等知识和技能，轻视对学生交际能力和理解能力的培养。所以，教师需要认真对待和处理文化和语言教学的关系。

首先，在大学英语教学中，语言和文化教学应该是共进的。在教学过程中，教师在进行语言教学时，必须伴随着文化教学，语言与文化的习得机制是同步的。通常情况下，学习者在学习第二语言时，会形成"自我疆界"，学习第二语言文化的目的就是超越这种"疆界"，或者让"自我疆界"得到扩展，从而使学生能够换位思考，站在目的语文化的角度上看待问题、解决问题。

其次，语言教学和文化教学属于你中有我、我中有你的关系，二者相互补充。要学会语言必须去了解其文化，要学习文化也需要先了解其语言。如果不学习文化，而直接学习语言的话，那么学习的过程会变得毫无兴趣、枯燥；如果只学习文化，不学习语言的话，学习就会成为无源之水。在培养学生的跨文化交际能力时，教师假如只教授语言相关知识，对文化教学置之不理，那么他只是在培养学生的语言能力，而学生的跨文化交际能力并不能得到有效提高。从培养机制的层面出发，语言教学是文化教学的前提和基础，文化教学可以检验语言教学，同时可以拓宽语言教学的领域，对于学生学习第二语言的质量有提升效果。

最后，语言教学和文化教学不可分离，二者存在相互兼容的关系。不管采取何种语言教学方法，最终都会指向文化教学，这是语言教学和文化教学融合的体现。在现代英语教学理论中，做到文化教学与语言教学有机统一才算是真正的教学，才能使学生跨文化交际能力得到提升，完成英语教学的终极目标。

（四）确立大学英语跨文化教学原则

完成社会交际性是大学英语跨文化教学的实质。学生的交际能力、文化理解和文化认同是大学英语跨文化教学的主要培养内容。大学生跨文化能力可以分为两个方面，一是处理语言信息能力，二是调节语言活动能力。通过大学英语跨文化教学，学生必须认同英语思维、遵守英语文化规则。

1. 以学生为中心原则

以学生为中心是现代教学理念的核心内容，这一点在大学英语跨文化教学中也不例外。教师进行教学资源的选择、课程设计、课堂教学时要依据学生的实际需求。虽然在目前阶段的高校英语教学中，课堂教学的主要内容依然是语言知识和技能的学习，但是教师应该充分发挥学生的主体地位，以学生为中心进行教学。引导学生自主学习是教师的主要教学任务。高校英语教师在课堂上要以学生为主体，启发学生进行文化体验，感受本民族文化和国外文化的不同，从而对语言的学习有更加深入的认识。在大学英语跨文化教学中，教师的教学安排需要将可能影响到学生学习的各方面因素考虑周全，如英语语言知识的难度、对英语文化的态度和理解程度、对本民族语言和文化与英语语言和文化差异的理解、个人综合素质的提升，其中，个人综合素质的提升包含跨文化交际能力、立体思维方式和对学习、生活的态度等。与传统高校英语教学相比，跨文化英语教学的教学时间与之差距不大，但是教学的内容却比传统教学模式多出许多，所以教师只有以学生为中心，促使学生发挥主观能动性进行自主学习，才能实现跨文化英语教学的终极目标。

2. 多层面合作原则

个人智能、学习智能和表达智能组成人的智能机制，而内省智能、社交智能和音乐智能是个人智能的组成部分，逻辑智能和语言智能是学习智能的组成部分，身体语言智能、视觉空间智能和自然发展智能（自然主义智能）是表达智能的组成部分。人的这八种不同的智能机制的表现是不同的，所以，拥有先进教育理念的教师需要依据学生的智能机制的表现来因材施教，做到长善救失、扬长避短，提升学生的学习效果。基于构建主义，学生在学习中的参与度是产生学习的首要条件，教师的教学过程和与学生之间的合作学习需要充分优化学生的智能机制，可以看出合作学习是十分有必要的。作为高校英语教学完成的必要条件，学生之间的合作与师生之间的合作是必须遵循的原则之一。

3. 渐进性原则

所有的学科知识都具有自身的知识体系，大学英语教学中的文化知识也不例外。在高校英语教学中，教师要考虑到当代大学生的认知特点和发展特性，并对其进行研究和掌握，再按照学生认知的由浅入深、由表及里、由简到繁、由粗到精、由机械记忆到理解记忆、由形象思维到逻辑思维再到辩证思维，进行不同阶段的文化教学。同样地，教师所准备的英语文化教学内容也要体现文化知识的逻辑性和系统性，由简单、具体到概括抽象，最后达到对目的语文化等方面的全面理解。教师在教学过程中要在各层次文化的系统性的基础上注意各层次文化的相关性，如宽泛的文化环境知识和情境文化知识或价值观体系和社会规范之间的相关性，让学生对目的语文化知识的认知从感性认知方面发展到理性认知，帮助其更加深入、全面、系统、渐进地完成学习任务。

4. 传授式与体验式相融合的原则

传授式教学指的是通过讨论、讲座等形式向学生传递知识，使学生能够掌握文化知识，并可以分析理解双方文化的不同，从而提升英语的应用能力和技巧的一种教学方式。传授式教学的不足之处是学生在教学中的主体地位没有被体现，教师在这种教学方式中将知识填鸭式地灌输给学生，学生不能主动、自发地进行学习，学生在这种教学方式中只能获得知识的积累，不能够在行为和态度方面有所进步。

体验式教学与传授式教学相对应，为学生创设模拟的跨文化交际情境，让学生沉浸其中，体验真实的语境，有助于学生行为和情感等方面知识的积累，主要以学生为中心，体现了现代教育先进理念。

传授式教学和体验式教学两种教学方法各有利弊，教师要选取两种教学方式中的优秀部分加以利用，使教学课堂多样化，综合应用传授和探索，在传授学生文化知识的基础上，让学生参与培养跨文化交际能力的模拟活动、参观访问和角色扮演等活动。任何行为都要符合一定的规律，教学也不例外，在高校英语的文化知识教学中，教师必须考虑学生的接受能力。在教学的开始应该解决一些直观的问题，这些问题大多数是具体的，而且与生活密切相关，之后的教学才是一些抽象的、多渠道、多层次的间接教学，最终目的是习得语言的整体性。

5. 反思与比较原则

在高校跨文化英语教学中，从学习背景中凸显本民族的文化是一个重要的特点，这样可以使学生在学习目的语的过程中形成相应的语境环境和氛围。在这种氛围下，学生进行国外文化知识的学习可以更加有效地理解中文和英文的文化差异，保持学习的兴趣。另外，学习者在这种情况下对学习的文化知识理解得更加深刻，从而应用起来得心应手。

跨文化交际需要交际者首先了解双方文化，这样才能在学习双方文化基础的过程中避免发生冲突，防患于未然。在进行跨文化交际的知识学习中，有机会反思自己国家和民族的文化，对其与目的语文化间的差异有所了解。高校学生需要了解语言差别与非语言差别的表现、需要明确区分知识文化与交际文化、需要具备较强的辨别能力和文化对比的敏感性、需要知晓语言形式差别与语言意义差别的不同、需要能分清表层差别与内涵差别，还需要对语言所反映的不同语言风格的表达，英语背后的文化背景、文化内涵等进行对比学习，在英语教学过程中可以更好地体会双方文化的不同之处。

一般来说，一个人长期处于一种文化之中会逐渐熟悉并接受这种文化，假若不对他进行特殊刺激，他就不容易对生存的文化进行反思。对本民族文化的反思有助于消除民族中心思想的影响，让学习者认识自身的行为和价值观，有利于培养灵活的思维方式。所以，在进行跨文化教学时，学习者需要加深对本民族文化的理解，完成这一任务则需要进行反思和比较。

6. 因材施教原则

因材施教早在我国春秋时期便由先贤提出，西方哲学家苏格拉底也提出过启发式教学，但是它在我国目前的应用情况不容乐观。在跨文化教学中，学生的世界观、价值观、思维方式和价值体验有着十分重大的作用，是语言教学和文化教学的基础。基于学生现有的文化体验，教师将本民族与目的语文化进行对比，以建立学生的跨文化思维能力，是跨文化交际的必要手段，所以，教师在教学过程中一定要先了解学生的思想观念、个人体会、价值感情等，不可以对学生持有轻视、否定等态度。教师需要根据学生个人的特点、学习情况等设计相应的教学方法，因材施教，实现学生跨文化交际能力的培养目标。

二、跨文化交际能力培养的情感体系

共情能力、灵活性、悬置判断能力和对不确定性的容忍度等是跨文化交际能力情感层面的体现。学生只有了解目的语文化，对其产生相当的兴趣，才能更好地进行跨文化交际。跨文化学习中的学生要用积极、乐观的心态审视国外文化。当代的高校大学生大都对于异域文化持有开放的态度，但问题的关键是让学生付诸行动，所以，要改变原来教学模式，将目的语文化引入教学中，将本国语言和英语进行交叉交际教学。学生在学习英语文化知识的基础上，要学会理解并能够表达，使学习的知识变为自身的知识和财富。中国与国外的文化在跨文化学习中有助于学生文化理解能力的提升，这就使学生的整合能力和评价能力得到完善，可以在相应的情境下认识和理解文化间的差异，用更加宽广的胸怀来解决跨文化冲突。

（一）英汉文化并重，消除"中国文化失语症"的影响

在全球化的潮流之下，中国与世界的关系密不可分，我国在经济、文化等多方面与国外其他国家进行了交流，我国文化在"走出去"的同时，也要施行"引进来"的政策，对一些优秀文化加以引进。在这个过程中也存在一些问题，举个例子，虽然一些学校毕业的人才有着良好的英语成绩，而且口语也相当不错，但是他们却不熟悉我国的文化背景，甚至有一部分连我国的优秀传统文化都不熟悉，更遑论向国外友人介绍我国文化。这种现象我们称之为"中国文化失语症"，是目前影响较大的一种交际问题。要想让中国在世界上大放异彩，需要用国际通用语言来传达我国文化特有的思想和理念。

跨文化教学中的文化知识学习不是为了让学生简单地了解目的语文化（附加性学习），也不是使学生归化于目的语文化（削减性学习），其目的是使学生充分理解本国、本民族文化，并与目的语文化形成互动。

在高校英语教学中融入西方文化教学，需要"双向文化知识"这一理论的指导。在学生身上形成本民族文化与目的语文化的互动意识，可以加深对双方文化的理解和认识，提升学生跨文化意识、文化创造力和跨文化交际能力。对于我国的教育行政部门来说，需要使学生在进行跨文化交际的过程中保持相应的底线，正确看待中国文化，逐步解决"中国文化失语症"的问题。

1. 发挥教育主管部门的监督引导作用

"治疗"好"中国文化失语症"，需要教育主管部门充分发挥其监督和引导的作用。

第一，教育主管部门要紧跟时代潮流，关注国际上教育界的动态，掌握与跨文化交际相关的各种信息，从而制定有助于施行跨文化教学的政策。

第二，与学校和其他部门进行合作，采取一定的措施引起人们对跨文化交际的重视，如在一些文件中强调使用英语传播中华文化的重要性，这是教育主管部门引导作用的体现。监督相关部门和学校，通过他们的团结协作来促进跨文化教育相关政策的实施。

第三，在英语教学的测试和评价中加入与跨文化交际相关的评价。

2. 提高教师自身的文化素养和教学水平

我国施行跨文化教育需要提升英语教师的素质，否则不利于跨文化教学。同时，教师还要具有西方文化知识，这样才能更好地帮助学生理解双方文化的差异，让学生可以更好地向世界传递中华文化。上述操作属于宏观方面。另外，教师也应该注重微观层面的教学过程。例如，教师为了使外来文化和本民族文化的教授互相平衡，可以用英语向学生讲述中华文化的相关知识；另外，教师可以将学生分成小组，向各个小组分配与中华文化对应的相关人物，这有助于学生认识自身的不足，并采取行动，做出一定的补充，从而掌握相应的知识结构，更加深刻地认识双方文化，来达到自如运用英语传递中华文化的目的，这就是文化创造力。陈申将其称为"在外语教育中，通过本族语（文化）及目的语（文化）的对比学习，逐步获得的一种创造力"。

3. 提高学生参与跨文化交际活动的主动性

从学生的角度出发，参与实际的跨文化交际情境有助于学生跨文化学习主动性的增加，使学生更加深刻地理解跨文化交际的具体意义。与此同时，学校应该鼓励学生多多参加大型的跨文化交流活动。例如，一些在国内举办的大型赛事、大型会议一般需要数量庞大的志愿者，学生可以借助这些难得的机会去锻炼跨文化交际能力，这就需要学校和学生广泛关注我国的一些相关活动。

中华文化的广泛传播需要学生的努力，但作为一位跨文化交际者，学生需要具有良好的语言水平和文化内涵，并积极参与跨文化活动，这样才能使中华文化受到世界各国的广泛关注。在这个过程中，学生可以意识到用英语传达中华文化的难度，从而有助于对中华文化认同感的提升，同时建立跨文化交际的自信，从而增强用外语表达中华文化的能力，实现传播中华文化的最终目的。

（二）消除母语的负迁移作用，发挥母语的正迁移作用

文化与语言密不可分，学习语言的实质是学习这种语言的相关文化。在学生进入大学之前，他们的英语学习大多是为了应试，其中涉及跨文化交际的内容不是很多，而到了大学之后，跨文化英语教学使相当一部分学生无所适从，因为大部分学生都是在中华文化、汉语背景下完成之前的英语学习，对于英语的相关文化并不了解。而大学英语跨文化交际则是在让学生对中西方文化都有一定的了解后，再在已有的知识基础上教授英语知识，使学生能够进行无障碍的跨文化交际，并且了解双方文化的差异。汉语的文化迁移在学生汉语背景已经形成的情况下发生了。当前高校英语教学中的一大课题是如何营造一种"文化语言氛围"，这种"文化语言氛围"能够使学生避免在跨文化交际中出现"难堪"。这种氛围不仅要培养学生的跨文化交际技能，而且强调对语言的交际环境、思维方式和文化背景的学习。

迁移现象在学习中非常常见，在这里，它指的是学生在学习时，已有知识对新知识学习发生影响。迁移可分为正迁移和负迁移，前者可以促进新知识的学习，后者则是阻碍新知识的学习。在行为主义心理学看来，学生在进行外语学习时产生的错误是母语习惯负迁移所导致的。笔者所研究的文化迁移指的是由文化的差异导致的文化困扰，在交际中表现为：在跨文化交际活动中，跨文化交际者采用自身国家、民族的价值观念和行为准则来评判他国的交际行为和思想。

在跨文化交际中，语言运用不得体是文化迁移现象所带来的负面影响。语言运用不得体会使交际者在进行跨文化交际时产生误解、矛盾，严重的还会引起一定的冲突。所以，要消除迁移的负面影响，首先要做的是提升跨文化交际者的文化素养，对目的语文化有一定的了解，着重了解目的语文化的敏感度，从而将文化迁移的负面影响降到最低。

所以，高校英语教学需要对学习过程中可能出现的文化迁移的负面影响进行预判，从而对学生进行针对性的教学。对中国文化和西方文化对比和分析，从而减少文化的负迁移现象的产生，利用文化正迁移的现象使学生的跨文化交际能力得到提升。

1. 重视英汉语言文化与大学英语教学的关系

我们一再强调，语言与文化密切相关，因而了解文化有利于学习语言。教师在教学过程中，首先要重视文化在教育中的作用，树立起文化意识，注意在传授

语言知识的同时传递文化知识；其次要培养学生对于中华文化和英语文化差异的适应性和敏感度；最后基于学生的学习情况、个人特点、接受能力来确立教学内容。值得注意的一点是教师在新时代应该是教学的指导者和教学内容的组织者，传授知识时不需要事无巨细，面面俱到。

2. 大学英语教学应与文化教学相结合

作为一种音义结合的符号系统，语言会根据相应的变化产生变体，这些变化可以是时间的变化、空间的变化和社会需求的变化。在高校英语教学中，语言文化功能的构建可以从语音、语义、词汇、句法等方面出发。学生了解英语文化的途径多种多样，具体有听、说、读、写、看、参加讲座等方面。学生文化敏感性和跨文化交际意识的培养可以通过对比英语和汉语，并讨论二者语言和文化的差异来实现。基于比较的结果，精选出英语文化中主流文化的内容和承载有比较突出的文化特征的内容，如对地理环境、文化习俗、宗教信仰、历史背景、饮食习惯等方面进行对比分析，促进跨文化英语教学的进行。

3. 大学英语教学要培养学生的文化意识

文化存在于方方面面，在生活中、学习中都有它的身影。语言学习中的语音、词汇、句法等各个层面都有文化存在的痕迹。对于西方文化的了解不能一蹴而就，应该步步为营，否则可能会给学生带来负面的影响。基于此，就需要教师依据学生的特点，通过各种教学内容、教学模式、教学手段让学生进行中西方文化的对比，使学生能够一步一个脚印地认识英语文化，从而把握其思维特点。

高校英语教师应该养成时常搜集和积累英语文化的相关知识材料的习惯，这些材料大多数都是日常生活中的相关场景，在教学时辅以相应的音频和视频资源，能使学生身临其境地感受跨文化交际。英语文化的意义和语言的使用规则也需要教师向学生点明，这样可以避免让学生陷入误区，从而提升教学的效果。

在微观层面，教师可以为学生布置一些观看英文电影的任务，同样地，在一些西方的传统节日，也可以布置任务使学生探索相关的节日习俗、文化背景等。这样做有助于学生深入了解西方的习俗，更好地理解、认识西方文化。

（三）树立语言、文化平等观，加强学生文化移情能力的培养

在全球化的今天，文化的多样性是构成丰富多彩世界文化的必要条件之一。

世界上各个国家的文化各不相同，都有着自己的发展历史和特色。在跨文化教学中，学生的语言观念和文化观念都是需要在教师的指导下形成的。在高校英语教师的指导下，学生可以提升文化多样性的意识，增强文化移情能力，辩证看待本国文化，用平等的观念来审视其他文化，避免对不同的文化出现偏见。

1. 树立平等意识

平等是和谐交流的前提，在文化方面也不例外，只有建立在平等的基础上进行交际，才能进行友好的交流，从而丰富双方的文化内涵。开展文化交流的双方在尊重彼此文化的前提下，对对方文化的差异给予宽容对待，才是双方文化真正意义上的交流。在跨文化交际的过程中，可能涉及两种文化或多种文化，交流双方应了解所要交际文化的特点和习惯、保持一颗谦逊的心、注重平等地位，而任何固执己见、咄咄逼人、居高临下的态度都是错误的。

所有的文化都是平等的，不存在哪一种文化能够凌驾于其他文化之上。事物的存在必然有其合理性，一种文化能够长存于世，必然有相应的原因。事物的不同使它们有了发展的契机，不同的事物在交流中要协调对立和统一的关系，这样事物才能更好地发展，形成新的事物。文化方面也是如此，文化之间不仅要相互交流和融合，而且要保持自身的特色，达到动态平衡。

要进行跨文化交际，必须学习目的语语言，学习外语的目的有如下两个：第一个是与目的语使用者进行无障碍沟通，从而学习其文化、知识；第二个是用目的语语言介绍我国的文化，从而让世界更多地了解中国。基于学习外语的第二个目的，我们知道学习外语不能放弃本国文化的学习和了解。文化的存在必然有其原因，文化是人们经过长时间的经验积累而形成的，不同的文化各有特色。当今世界提倡保护文化的多样性，因而在跨文化交际中，要努力吸收不同文化的有益内容，来发展壮大自身。在大学的跨文化英语教学中，教师要加强学生对西方文化知识的学习，因为西方文化知识对于大多数学生来说比较不常见，需要注意的是，在学习西方文化知识的同时，不能对本民族文化予以否定。跨文化交际是多种文化在彼此尊重的基础上进行交流、借鉴和融合的发展过程。

在这个强调文化多样性的时代，文化之间不应该有太多的桎梏。在进行跨文化交际时，我们应该基于文化平等的观念，理性对待文化差异。在进行动态的跨文化交际时，需要进行不断的协商，对文化参考框架也要随时进行调整，以实现跨文化交际的目的。使用英语的国家有很多，在高校英语教学中，教师应该让学生体会多个国家的文化，这样有助于文化知识的积累。另外，教师需要促进学生实现多元文化交际的意识和能力的培养，实现英语教学的人文价值。

2. 培养学生的文化移情能力

（1）文化移情

一般来说，文化移情是指跨文化交际者在进行跨文化交际时采用换位思考的方法，站在交际对象的角度看待问题的一种心理体验。文化移情可以使跨文化交际者感受、理解另一种文化，因为它突破了文化本身的桎梏，跳出原来文化的思维定式。在跨文化交际中，作为链接交际双方的语言、文化和情感的纽带，文化移情是一种有效的沟通交流方式。

文化移情能力指的是在跨文化交际过程中，交际者需要将自身置于目的语文化之中，用目的语文化的思维方式去思考和体验要表达的内容，用来向交际的对象展现已经理解了的交际内容。文化移情主要表现在以下两方面：一是语言语用移情，语言语用移情是指交际的对象准确无误地理解交际者所要表达的内容，这是由于交际者主观地向对象传达自身要表达的意思；二是社会语用移情，社会语用移情不是说仅一方将自身置于对方文化环境中，而是交际双方都换位思考，站在对方的角度来进行交际。优秀的文化移情能力能使人保持平等、开放的文化态度和价值观。

跨文化交际的顺利进行很大程度上依赖于交际者的文化移情能力，不同地区的文化一般是不同的，造成人们的价值观念、风俗习惯、宗教信仰、生活方式也大不相同。这就是跨文化交际中跨文化冲突出现的原因之一，但是假如跨文化交际者具有较强的文化移情能力，那么就可以尽量避免出现这些问题，因为他可以站在对方的角度思考，摆脱自身的文化桎梏。

（2）文化移情的必要性

实践是人类社会认识发展的动力，人类的社会离不开实践。人类文明诞生之后，由于没有发达的通信手段和交通方式，所以跨度较大的地区间的人们的交流很少。在这种闭塞的环境下，不同地区的人们形成了不同的文化，这些文化具有浓厚的民族风格，由此使其社会意识、生活方式、风俗习惯、文化冲突也具有民族特色，与交际相关的语言、文化和社会意识也有很大的差别。在进行跨文化交际之前，交际者生活的社会环境对于其交流的方式和文化观念有着很重要的影响，已经使其形成了固定的语言和交际模式。交际者在跨文化交际中，倘若没有文化移情能力，那么很有可能会因为语言和交际模式的不同导致矛盾和冲突的出现。例如，在我国，一个人生病住院后，他的亲戚和朋友大多会去医院探望，病人也认为亲戚朋友来探望是关怀的表现；但在美国，一个人生病住院，那么他的亲戚好友会尽量选择不去探望，他们认为可能会打扰病人休息。所以，假如美国朋友得知中国朋友住院后，按照美国的文化观念不去探望，那么中国朋友可能会对他产生一定的负面情绪，导致二者关系的冷淡，同样地，双方角色互换也是如此。所以，文化移情能力对于跨文化交际中的交际者来说是必需的，文化移情能力可以避免文化矛盾和冲突的出现，从而更好地与国外友人进行沟通交流。

（3）文化移情能力的培养

培养学习者的文化包容性和敏感度是文化移情能力提升的关键。交际者要将交际的对象看作与自身在文化观念、态度、思维方式、行为方式、审美方式等多个角度存在不同的个体。为了减少在跨文化交际中双方出现冲突，进行跨文化交际的人必须遵守一定的规则和对方文化的社会规范，而且要尊重对方的文化，感知的敏感性是跨文化交际中文化敏感性的重要因素。感知方式的不同会引起跨文化交际中的大部分问题。

对感知的产生有重要影响的因素有五个，分别为价值观、世界观、信仰、心态系统、社会组织。文化移情的最佳方式是到目的语国家去生活一段时间，这样可以更加真实地去观察他们的生活方式、风俗习惯，更好地帮助学习者理解语言在日常生活中的实际应用。如果没有机会去目的语国家，那么可以通过寻找互联网资源的方式，如视频等来增进对目的语文化的认识。

语言和文化一样，不存在哪种高人一等。跨文化交际者要抛开偏见，公平地与对方进行交际。只有充分地了解了目的语的文化，对文化具有敏感的感知，保持谦逊的心态，才能真正地实现文化的移情。

文化移情的实现，需要如下几个阶段：

①承认差异。差异在世界上无处不在，文化上也是如此，不同的人和民族看待事物的方式是不同的，所以人与人之间，文化与文化之间存在着极大的差异。

②认识自我。这个阶段需要对自我和本国文化有一定客观的评价。

③悬置自我。悬置自我的方法是想象自我是任意的界域，这种界域是我们在自己与世界的其余部分，包括与其他人之间划定的。

④体验对方。体验对方是指在上一步悬置自我后，转变角色，将自己想象成跨文化交际的对象，体验、感受另一种语言和文化。

⑤准备移情。这个阶段要审视自身是否具备开放、平等的文化价值观念，做好文化移情的准备。

⑥重建自我。重建自我指的是交际者要在跨文化交际过程中认识到双方文化的优劣，享受另一种文化的环境。

总的来说，作为现阶段世界上多元文化有效沟通的关键途径，文化移情也是进行有效的跨文化交际所依赖的手段。但是，跨文化交际中的文化移情必须适度。民族尊严是底线，不能触及。在高校英语教学中，教师要格外注重对学生移情能力的培养，要指导学生通过参与实践活动来体验英语语句，从而提升语言文化知识。实践活动多种多样，例如，英语演讲比赛、英语书法比赛、观看英文影视作品、开设英语广播、组织英语角、举办英语晚会等线下的活动，还有一些线上活动，如通过互联网与国外的学生进行跨文化交流等。参加这些活动有助于学生移情意识、移情能力的锻炼，从而满足当今社会的跨文化交际的需求。

（四）建立跨文化交际意识，提高文化认同度

克服跨文化交际中出现的问题，除了文化移情外，建立文化认同也是一种重要的解决方式。文化认同作为人类对文化的认可和共识，可以对人们的价值观念和行为产生重要影响，是基于自然认识基础的提升，所以，在跨文化交际活动中，常常将文化认同作为语用指导原则。

通过学习英语，学习者了解世界的途径就增加了一种。学习者可以在精通跨文化知识的前提下，在世界范围内传播中华文化，让世界了解中国。通常情况下，人在所处的文化环境下会潜移默化地接受这种文化，本能地认为这种文化是正确的，很少反思自身所处的文化环境，即便是产生反思的想法，也会困惑于文化现象的繁杂无序，而停止探索。进行跨文化教学的目的之一是使学生通过反思自身所处的文化环境，更加了解本民族文化，防止民族中心思想的产生。跨文化教学可以帮助学生培养良好的思维模式，从而可以正确地看待自身的价值观念和行为准则。

只有正确地认识自身所处的文化，才会激发文化自觉。基于文化自觉，再去了解世界上其他的文化，有助于对自身文化进行正确的定位，创设一个各方面文化都认可的、可以和谐发展的共处守则和交际秩序，在文化交流频繁的当今社会共存下去。

（五）注重英汉语言文化、思维方式的异同分析

英语教学在两种文化接触之后就产生了，经过长时间的研究，英语教学也在不断地改善，作为学好英语的前提，了解英语的特点逐渐被人们重视起来。将英语与母语进行语言特点的比较是了解英语行之有效的方法，这样还可以加深对母语特点的深入了解，寻找双方语言的差异。与母语进行比较有助于英语教学重难点的确立，而且可以提升教学质量和教学效果。对于我国的学生来说，认识中文与英语在语言特点方面的不同对于学习英语大有裨益，教师在教学时，讲述词汇、语法、句子结构等方面在中英语言中的不同，可以使学生更加深刻地体会这些知识。在实际的英语教学中，可以根据学习者的不同采取不同的方法，如直接法和对比分析法。直接法主要针对的是初级阶段的英语教学，如刚接触外语的儿童，因为儿童的认知水平还未发展到最高水平，母语对其的影响不是很大。直接法指的是学生直接通过模仿学习，从而摆脱母语的影响。对比分析法则是针对认知水平已经固定形成的学习者，这些人一般年纪较大，采用直接法来教导这些学生并不能达到和儿童一样的教学效果。对比分析法将两种语言的思维方式、语言特点、文化内涵进行对比，学生可以最大限度地避免母语带来的困扰，使自觉性增强，有效降低盲目性，提升对于英语的应用能力和交际能力，做到"知己知彼，百战不殆"。

中西方文化和思维方式差异在英汉语言的表现为：中华文化的悟性思维是汉语的哲学背景，西方文化的理性思维是英语的哲学背景。这一方面的深度差异在词汇、句子、篇章各个方面都有所体现。例如，英语在使用中常常用到抽象的词语，如形合法、结构被动式和概括笼统的词汇等；英语喜欢词语和结构的长短交错、替代变换、主从分明；英语语句中经常前后呼应，注重语法关系、语义逻辑和显性衔接，注重形式接应；英语的表达中，一般来说很少出现歧义，表达方式上有精确、严谨、模糊性较小等特点；受亚里士多德演绎法逻辑思维模式的影响，英语的使用常会出现"突显"语序；英语的词汇在造句、句子在组成篇章时，都

要符合语法、句法和篇法，具有理性思维和科学思维。而汉语常常采用非演绎式的、领悟式的归纳型、经验式的临摹型或螺旋式、漫谈式的思维模式；汉语中常使用生动具体的形象性词语、意念被动句意合法的词汇；汉语十分看重预留的整体感，汉语的结构成双成对、整体匀称，对于语境较为依赖；汉语常采用"自然"语序，看重事理顺序和先后顺序；汉语常常只把事情或意思排列起来，让人们自己去领悟，注重隐性的连贯；汉语通常用语感、语境、悟性和"约定俗成"来理解和表达语句、篇章，汉语使用者习惯于整体领悟。

教学中，对比分析的利用对于语言交际的顺利完成也十分有利，能对跨文化教学过程起到积极作用。在进行对比分析时，学习者和教学者都会对母语与英语有新的认识，需要更多地注意不同语言的表现形式和表现方法。所以，在跨文化交际过程中，要正视双方语言、文化的差异，避免失误、矛盾和冲突的出现，完成跨文化交际任务。

三、跨文化交际能力培养的行为体系

建立关系的能力、解决问题的能力、在跨文化情境中完成任务的能力，这三方面是跨文化交际能力的行文层面。为了在跨文化交际中更好地完成交际任务，要基于个人文化适应进行人机互动。这里从跨文化外语教学中教材的选用和教学策略的运用两方面来论述跨文化交际能力培养的行为体系。

（一）确定大学英语跨文化教学教材编写特色与内容

教材是教学内容的主要承载者，是教师的"教"和学生的"学"的主要依据和向导，是完成教学任务培养学生跨文化交际能力的关键。

在教材选材时，既要考虑提高跨文化交际能力所能涉及的各个方面，又要注意设计形式多样的练习，对学生在纷繁复杂的跨文化语境中进行交际所需要的各种技能加以训练。如从跨文化知识的导入入手，解释语言表达中的文化内涵，扩大与文化有关的知识面；通过案例分析与点评，提高学生的全球意识与跨文化敏感度；通过情境模拟、角色扮演等让学生接触各种跨文化语境中的跨文化冲突以培养观察与分析跨文化问题的能力；培养学生观察跨文化生活或工作环境中的文化问题，如各媒体所报道的新闻，或进行各种调查，或在实习中观察跨文化语境，

等等。这些方法都是提高学生实际能力的关键要素与途径。如果教师在课堂中忽视这一教学环节，那就不可能真正提高学生的跨文化交际能力，只能提高学生的跨文化意识或跨文化敏感度。外语教学只有进入在现实语境中培养学生跨文化交际能力的阶段，学生的知识积累和跨文化意识才能得以应用与体现，也才能将知识转换成跨文化交际能力。

1. 教材应体现文化内容与语言内容的自然融合

大学英语跨文化教学教材内容的编排应以文化主题为单位，在每一个部分中都要重点突出文化、突出语言，在文化的潜移默化中，让学生更好、更灵活、更牢固地掌握语言的使用。

教材要充分考虑学生学习英语的需求、语言环境、知识结构和层次等多方面因素，包含社会习俗、历史，特别是价值观等方面内容，介绍西方不同国家的文化元素和中国传统文化，融入中西文化对比研究，让学生学会如何对待差异。

教材要有助于培养学生的批判性思维能力，要求学生以一种审视的眼光与批判的思维方式看待目标语国家事物，体验与本国文化不同之处，培养学生如何进行有效的文化沟通。教材包含和传授的内容要充满积极的、使人奋发向上的精神，要将人类优秀的文化、高尚的思想道德通过语言潜移默化地传授给学生，要对学生世界观和价值观的形成产生深远的影响。

教材在题材的选取上要恰当地处理好以下几个方面：

（1）适当地介绍目的语国家的历史、民族构成、政府机构、政治情况、经济发展与教育情况的基本特点，使学习者对于目的语文化有着较为全面的了解。

（2）选取母语文化中较为独特的优秀的侧面，加强目的语文化与本族文化之间的对比，培养学生对于文化差异的感知力和敏感性。

（3）尽力拓展文化的对比，使其不再局限于本族文化与目的语文化之间的对比，还可以是与其他非主流文化和主流文化进行对比，让学生对非主流文化和主流文化产生同样的理解和尊重。

2. 教材内容安排应循序渐进且多面化

文化的复杂性、动态性和多层次性决定了文化教学内容的安排不能只是古板的说教或是传授过知识后就一劳永逸。以文化为主题编写的教材必须是有渐进性和可操作性的，能弹性循环进行教学。唯有这样，学生对文化的体验与认识才能不断深化。

教材内容的呈现要按照由浅入深、由表及里、从已知到未知、从具体到抽象的序列进行安排，课程内容在不同阶段上重复出现，范围逐渐扩大，程度不断加深。跨文化学科的教材要具备系统性、一致性、层次性、前沿性及时效性的特点，注重与时俱进，编排体系既体现西方国家的人文精神，又映衬出国内对人才需求理念所发生的重大转变；既注重人文关怀，又要满足人文素质培养的现实需求。

3. 教材选用注重教学材料的真实化、语境化、多样化

能适合跨文化外语教学的教材一定要遵循教学材料真实化与语境化的原则。因为只有真实的语言教学材料才能真实地刺激学习者对所学的内容和过程在认知、心理、态度和行为层面产生反应，才能让学生真实体验到跨文化交际过程。所谓教学材料的真实性就是指能在现实生活中使用，而不是单单是为了教学而设计。语言与文化是密不可分的，越来越多的语言学者和教育学家都予以认同，任何一种语言都不能脱离特定文化下的语境。只有在考虑语境的情况下，语言的表达与理解才能充分与准确。

因此，跨文化外语教学材料的选用既要密切结合学生生活，找到学生的关注点和兴趣点，又要使教材中的文化内容真实化和语境化；既呈现各种文化知识，又体现人文精神。

具体地说，文章的选取要原汁原味，语言流利、自然；话题紧扣主题，涉及东西方文化差异、沟通技能、文化知识等，所有的语境也均是在目标语使用的环境中，所有的信息都是在有文化意义的系统中进行传递。

通过设计相关跨文化意识和技能的练习和问题，选用大量跨文化交际实践案例对学生进行综合训练，使学生运用语言知识、文化知识、实践语境，结合具体的文化事例，模拟经历文化适应过程。通过案例进行交际实践，培养学生的跨文化敏感性、宽容性和处理问题的灵活性。

教材要系统地将跨文化动态人际关系的构建与跨文化交际知识和实践紧密结合，内容要体现文化的多元性、视角的多重性、问题的多样性及回答的灵活性。例如：跨文化交际领域所涉及的语言知识和非语言知识、不同国家的文化差异、不同民族的思维方式及价值观的异同，民族中心主义、文化歧视问题和思维定式等因素对跨文化交际的影响，以及跨文化调适与适应等内容。这种跨文化关系的

构建侧重培养学生相对文化论的观点,处理文化冲突和调适时的态度和情感,使学习者能够换位思考,以友好的态度看待多元文化,有助于学习者深入了解和认知其他国家民族的文化,突破文化单一论的局限,帮助学生理解语言与行为、价值体系与行为规范的关系,使学习者能够透过现象把书本知识和现实生活密切联系起来,从根本上了解和熟知本族文化与异族文化的异同和根源所在。最终,学习者能够以开放、包容的态度对待异族文化,对不同民族的文化价值观、风俗习惯、行为方式及思维模式从不同的角度进行思考和评价。

4. 加强教材与练习的编排设计,促进学生自主学习

教材内容的编排设计十分重要,既要有趣味性,能激发学生的学习兴趣,又要有针对性,使学生对设定的教学目标一目了然,让学生学得明白透彻。在练习的设计中要安排让学生自行组成小组进行讨论与分析的部分,让学生有空间去充分思考与审视文化因素,既能促进互动,又可体现较高的学生参与性。练习的内容要注重实践方法,为学生创造情境、语境;让学生在身临其境中去体验与感受,让学生在模拟的情境与语境中去分析、讨论和运用,提高学生学习自觉性和自主学习的能力。

教材中安排学生自主完成的练习,要围绕单元技能或主题补充学生课外知识,使学生扩大知识面,对不同文化有更深入的认识和理解。

在跨文化交际的课堂中,常用的教学方法有注解法、融合法、实践法、比较法和专门讲解法。还可以利用文化讲座、关键事件、文化包、文化群、模拟游戏等方法强化教材中的文化内容,使教材内容的选配适合不同的教学方法的选取,使教学形式更加灵活多样,易被学生接受而不致僵化乏味。

(二)大学英语跨文化教学策略运用

在世界文化多样性的背景下,跨文化交际能力对于交际者来说更加重要,由此,在跨文化教学中对教学策略提出了新的要求,跨文化交际人才需要具备敏感的文化态度和洞察力。在教学策略中培养学生的跨文化交际能力成为跨文化教学的重点。

1. 加强教师的跨文化训练

在全球化的今天,跨文化交际频繁发生,语言不再局限于该语言的使用国使用,而是被人们广泛用于世界各地。语言在非母语国家的运用一定会经历再语

境化这一进程,再语境化使这一语言在交际过程中不停地与本国的文化发生"反应",从而生成不同于同种语言使用者交际的新模式。在这一过程中,不只有交际进行的大环境发生改变,其他的如从本族文化和社会到地方文化和社会等环境都在发生变化。跨文化交际中的交际者会将自身文化的一些特点、观念和准则带入外语交际之中,这也就促使交际者的关系、交际场景、有效交际和礼貌交际的态度等小环境同样发生变化。综合来看,语言在脱离目的语文化的基础上经过再语境化,会与本国文化发生关系,这就为跨文化外语教学提供了机会。

(1) 进行跨文化训练的目的

跨文化训练的目的有三个,分别是加强理解能力、改变个人感情的反应及改变个人行为。

①加强理解能力

跨文化训练的第一个目的是加强理解能力。加强理解能力有助于完成以下几点:首先使学习者避免从本国文化的角度来理解目的语文化的行为出现;其次是减少对本国文化的固有印象;再次是改变对于文化的思考模式,形成一整套系统地理解其他文化的体系;最后让学生在经过跨文化学习后,能够更全面理解目的语文化和其他事物,并且要对本国的文化有更加深入的了解。

②改变个人感情的反应

跨文化训练的第二个目的是改变个人感情的反应,具体在跨文化交际中表现为建立正面的感情。个人感情反应的改变主要有以下几种:第一是学生要具有接受和不同文化的人交际的心情,第二是改善自身与其他文化的人交际时的焦虑感,第三是促使自身产生能够接纳文化差异的感情,第四是培养出与不同文化的人们共同工作的感情,第五是能够热爱肩负的责任。

③个人行为上的改变

跨文化训练的第三个目的是改变个人的行为。在行为方面,改变个人的行为举止,有助于同不同文化的人们建立和谐的人际关系,在工作生活中增加互动。个人行为上的改变包括以下几个方面:第一是能够产生良好工作表现的能力,第二是可以与跨文化交际的对象建立和谐的人际关系,第三是使目的语使用者感到双方交流无障碍的能力,第四是适应在异国每天承受的压力,第五是具备帮助他人与目的语交际对象建立良好、和谐的关系的能力。

为了满足跨文化交际和跨文化培训的需求，不同领域、不同层面的人会根据自身的需求来制定相应的训练目标和训练方法。在跨文化教学中，学生跨文化交际能力的培养是核心内容，需要以语言、文化和交际三者有机结合的理论为基础条件。跨文化教学不仅需要教师有丰富的教学经验、教学能力和语言功底，还需要教师具有很强的交际能力，同时还需要教师对于学生的发展特点、心理、情感特征有相应的了解。所以，教师的跨文化教学方法和其本身的跨文化交际能力对跨文化教学能否顺利进行有着重要的影响。前文提到，传统的教学模式已经不适应现代的跨文化英语教学，教师也需要提升自身的跨文化交际能力，这样才能更好地进行跨文化英语教学。尽管跨文化英语教学已经被一些学校推广使用，但是一些教师缺乏跨文化意识和跨文化能力，这需要学校促进对于外语教师的跨文化教学的培训。通过跨文化培训，可以有效提升教师的跨文化意识和跨文化能力，教师跨文化素质的提升不仅要体现在培训中，还应该在教学中具体实现，这样对于学生跨文化交际能力的提升也非常有益。对于教师来说，加强其跨文化素质与文化教学方法的培训势在必行。

（2）教师进行跨文化训练的目的

对教师进行跨文化培训，可以帮助教师积累文化知识，帮助其理解重要概念，如文化、跨文化交际、跨文化交际意识和跨文化交际能力等的内涵，促进教师深刻理解语言、文化和交际三位一体的紧密联系，使教师正确看待不同文化间的差异，明确英语作为国际中介语和国际通用语的重要作用。

对教师进行跨文化训练，可以帮助教师增强跨文化交际意识和对其他文化的敏感性。教师要重视文化在社会生活等各方面的重要性，明白跨文化交际的重要作用。经过跨文化训练，教师在跨文化教学中要重视文化教学功能，而且要积极地去了解目的语文化，与目的语使用者进行频繁、密切的联系。跨文化训练能使教师具有发现不同文化间差异的能力，并且可以使教师以包容的心态、理解的态度去对待这种差异，使教师文化敏感性增强，并让教师周期性地对自己的跨文化交际行为进行评价和反思。

对教师进行跨文化训练，可以帮助教师调整自身的文化行为。通过文化行为的调整，可以基于不同文化来改善交际策略，了解新的文化，与其建立良好的交际关系，提升跨文化交际能力。

对教师进行跨文化训练，可以帮助教师明确文化教学的目的。跨文化训练可以对教师跨文化教学的教学设计和教学方法、教学内容产生积极影响，使教师在教学课程中运用合适的文化教学方法进行教学，再进行相应的跨文化交际学习的评价。

（3）教师跨文化交际能力训练的方法

语言和文化的多样性使得跨文化的环境也多种多样，跨文化交际的目的也随之发生改变。针对不同的训练要求，训练的方法也各不相同。

①文化现实培训

作为较为传统的文化培训方法，文化现实培训训练教师接受目的语文化知识的途径包括阅读、讲座、录像、电影、问答、讨论、关键事例、案例分析、戏剧表演等。

②归因培训

归因培训主要是为了训练教师掌握目的语的文化价值标准。只有掌握了目的语的文化价值标准，才能够基于此对目的语使用者的一些行为和语言进行归因、解释。归因培训常用的训练方法是文化模拟法，可以使受训教师良好地融入目的语文化背景中。

③文化意识培训

文化意识培训主要向受训教师介绍不同文化的实质、特点和差异。培养文化相对论思想和文化意识是文化意识培训的主旨。一般来说，文化意识培训以交际双方的文化为例，而且在培训过程中大量运用文化人类学的相关知识内容。文化意识培训具体的方法包括个人意识构建、价值取向一览表、文化对比分析、价值观排序表等。另外，感知练习、语言和非语言交际活动、模拟游戏等一系列的普遍文化学习法也可以用于文化意识培训中。

④认知行为调整

作为利用学习相关理论解决跨文化交际中一些问题的方法，认知行为调整就是让受训者根据目的语文化的特点，列出在本国文化中被认为应该给予表扬或惩罚的活动，使他们对相应活动在目的语文化中的不同影响进行对比分析。

⑤体验式学习

与前面提及的文化意识的培训不同，体验式学习属于具体文化的训练。体验式学习是为了将受训教师的认知、情感、行为等各层面的因素都调动起来,让其在模拟的跨文化交际中学习和训练。体验式学习常常采用情境练习、角色游戏、实地考察、文化浸入等方法进行培训。

⑥互动式学习

互动式学习指的是让母语为目的语的人或者跨文化交际素养高的人与受训者进行互动,目的是使受训教师了解目的语的相关文化。

英语教师跨文化交际能力的训练涉及文化意识、文化教学、文化知识、文化能力等多方面的知识,这就意味着对受训教师培训需要从文化学、社会学、跨文化交际学、外语教学等多个学科学习。培训教师需要具备深厚的文化功底,这样才能对受训者进行系统的培训和训练,而受训教师也需要心无旁骛地进行学习。任何学习都不可能一蹴而就,跨文化交际能力的培训是一个漫长的过程,受训教师也不可能在一次训练中就掌握相关知识,这就需要培训教师在培训过程中多多训练受训者学习和训练的方法,让受训者不仅在培训中学习,还可以在任何时间进行提升。

(4)教师进行跨文化教学方法的培训

教学研究者和教师在近些年更加注重教师培训和教师的自我发展,因此反思教学和课堂教学研究得到广泛关注。

①反思教学

教师对于自己的教学活动所做的理性思考就是反思教学。反思教学可以促进学习和教学,可以让教师审视自身在教学中的不足并加以改进,以便在今后更好地进行教学活动。反思教学一般来说可以分为两种,一种是主观进行的,一种是受客观条件刺激而产生的,前者是教师反思自己或其他教师的教学行为,后者是受到教学过程中的一些人或事的刺激而进行的反思。反思有助于教师能力的提高,被归纳为一个反思循环,指的是教师在教学过程中也要进行不断的反思,然后反思反作用于教学,进而使教师的能力得到提升。

教师进行反思教学具有重要的价值,可以分为以下三点:

首先,教师经过反思教学可以对自己在教学过程中的态度和行为有进一步的认识,进而进行自我评判。在跨文化外语教学中,态度和认识是决定一切的关键。文化教学的具体实施需要教师对文化教学充满热情,并且充分认识到文化教学的价值。同时反思教学可以更新教师的相关观念。

其次，教师经过反思教学可以认识自己作为一个学习者的进步和不足。语言能力和文化能力的提升不是一劳永逸的，而是一个不断学习的过程。教师进行跨文化英语教学的过程，不仅是将跨文化知识传递给学生，还是教师自身跨文化知识积累和学习的过程。

最后，教师经过反思教学可以提高自身的教学能力。经过反思教学，教师可以对自己的教学过程进行分析、总结，从而发现自身在教学过程中出现的相关问题，再对问题提出解决的方案。同时教师可以通过参加教学研讨会等方式来与其他教师探讨教学中出现的问题，有助于教学经验的提升。因此，我们可以说反思不仅是个体活动，还是集体活动。经过反思教学，教师的教学理念、教学方法、教学态度等被教师审视后得到改善，有助于教学效果的提升。

反思教学研究可以由个人完成，也可以合作完成，可以采用定性或者定量的方法进行。其中，个人完成反思教学的方法有教学笔记、问卷调查、深入访谈、教学日记、案例分析、关键事件等形式。

②课堂教学研究

课堂教学研究是一种教师进行自我提升、自我完善的良好手段。课堂教学研究不仅可以单独进行，还可以与其他教师共同完成。在课堂教学研究中，教师根据教学理论，对自身在教学活动中遇到的问题进行研究，寻找解决的方案，记录自己的思想和行为，从而作出总结；与其他教师合作可以交流经验，提升教学质量和教学效果。

基于课堂教学研究的反思教学有助于教师进一步地提升教学水平，教师经常采用这两种方法会养成从反思教学到开展课堂教学研究的习惯。

在课题研究教学的培训中，值得引起注意的一点是，因为不同的教师所处的环境不同，教育的对象不同，所以不能将其他教师的教学方法、经验等拿来直接使用。对于有效的教学方案和教学经验，教师可以基于自身的经验进行借鉴，从而研究出适合自身的教学方法和教学方案。可以看出，课堂教学研究是一种十分重要的手段。

跨文化训练能够提升教师的文化教学水平和跨文化交际能力，也可以增强自信心，消除教师的焦虑心理，使教师充分投入到教学之中。只具备文化知识和相关技能已经不能够满足当下社会对教师的要求，教师还需要具备反思的能力，实现终身学习。

在全球化的潮流下，跨文化交际频率的增加使跨文化培训的方法也多了起来。而进行跨文化培训的关键是运用有效的方法去满足一些教师的相关需求。

2. 语言与文化有机融合于课堂教学

作为跨文化教学的阵地，在课堂上实施是实现教学目标的完成、教学内容的传递的重要环节。在课堂教学上进行语言和文化的有机结合需要做到以下几点：

（1）增重语篇与语法的文化分析

通常情况下，我们把语篇称为比句子更大的语言单位，包括会话、面谈和文章等形式。语篇的形成和样式反映了意义交流时的社会文化语境。口头篇章的交际策略和交际风格与文化密切相关，书面篇章的文化内涵是通过修辞手法和篇章结构来体现的。语篇是特定文化和语境中形成的产物，是使用中的语言。处在不同文化背景的人们所使用的篇章是不同的，而这些不同的语篇也会构建不同的个人经验和社会现实，这说明语篇与文化密不可分。

汉语语篇倾向于归纳式的话语模式，英语语篇则更倾向于演绎式的话语模式，英语与汉语语篇的不同体现在这一点。东方文化与西方文化间的文化价值取向影响着修辞策略，为了认识和了解语篇与思维模式的关系，我们可以基于文化的视角来分析英语与汉语的语篇修辞模式。

要尽力将文化教学融入语篇教学中，就是说在英语教学中将文化教学看作其中的重要部分。在具体的教学实践中，大学英语教师可以让学生完成读前、读后的任务，对文化知识进行讨论和学习，让其重点关注语篇的内容，这样不仅可以实现语篇分析，同时也能让学生深入地了解西方文化在价值观、思维方式、行为等方面与我国的不同。教师通过在语篇教学中融入文化教学，可以利用教材资源使学生增强文化知识水平。

语法是语言在长期实践的过程中产生的，受到人们思维方式的影响，二者在文化方面有着密切的联系。语法结构是文化社会中人们表达语言和感情的一种方式，具有浓厚的文化内容。

语言的表达形式是由语法形态特征决定的，语法形态是由思维模式造就的，思维模式是由民族的哲学思想塑造的，所以不同民族的哲学思想对语言表达形式有着重要的影响。每个民族的特征如风俗习惯、思维方式、生活方式等都包含着浓厚的文化底蕴，即一个民族的语言会受到该民族的思维方式、文化等方面的影响，所以不同民族的语言，它们造句的规则有着很大的不同。上文提到，演绎思维是西方人的思维方式，由此可以得出西方人的逻辑思维能力普遍较强；归纳法思维是中国人的思维方式，由此可见中国人对于句意的整体把握较强。西方人的演绎思维使他们在造句时更趋向于保留句子完整的逻辑，具有明显的词汇形态特征。中国人的归纳性思维则在造句时依靠意义的理解来保持逻辑，对于句子的形态并不重视，不同于西方，具有明显的词汇形态特征。相对于西方语篇来说，中国句子短小精悍。

所以，高校英语的教学不同于任意阶段的汉语教学，采用的方法也要有所区别，英语教学的重点主要是时态、语序、句子结构等方面的内容。在高校英语教学中，教师可以让学生区分不同时态的运用，语序、句子结构的不同来分析语言、文化差异的根源，进而完成语言和文化教学的有机结合。

（2）加强词汇的文化教学

语言是文化的载体，词汇是语言的重要组成部分，也是外语教学的重中之重。由于我国英语教学自学生初级阶段就让学生重视词汇，学生对于词汇有着很高的关注度。因此，在高校英语教学中要抓住这一点，让学生理解词汇的文化内涵。

词汇是一个民族语言、习俗、文化乃至整个社会发展的标志之一，此外，词汇还可以反映出词汇使用者的价值观念、文化环境、思维模式等相关内容。单词、词组、成语、习语、谚语、警句等都是词汇的内容。词汇蕴含着该民族文化的重要意义，这是文化与词汇的又一关系，所以，在进行外语教学时，有时需要对比不同语言的同一词汇才能理解这一词汇在目的语中的真正意义。

不论是对于教师还是对于学生来说，词汇文化差异的三种方式都需要牢记：一是形式相同，意义不同；二是意义相同，形式不同；三是同形同意，分布不同。词汇教学中，这一分类模式对于学生牢记词汇与词汇文化具有重要的影响，而且能够使学生在交际中更好地利用词汇。

语言承载着文化中的大量内容，词汇中也包含着丰富的文化信息，一般来说，词汇都具有悠久的历史和丰富的文化内涵，在民间进行着传播。而且词汇也能体现语言使用者的价值观。由于词语的运用都与该民族的文化密切联系，因此教师在讲授词汇时,不能只讲述其用法与含义,还要将词汇的文化背景、来源、意义等都介绍给学生。在词汇教学中融入词汇的历史因素、文化渊源、社会内涵等有助于实现词汇与文化教学的有机结合。

(3)加强听说教学过程的文化教学

由于听说教学可以让学生切身体会到跨文化交际活动,所以学生大都对听说教学很感兴趣。作为英语教学的重要组成部分,听说教学可以让学生直观地感受目的语文化与本国文化的差异,从而更好地进行跨文化交际活动。

值得教师和学生注意的一点是,听、说都不能脱离实际,教师要对听说教学的内容选择严格把关、合理安排。教师进行跨文化英语教学的听说教学时,内容的选择不仅要来源真实,而且听说内容要能够反映出目的语文化与本民族文化的差异,这样才具有更加深厚的教学意义。所以,听说教材的选择要基于学生的学习情况和具体水平,进行内容一致性和系统性的安排。同样的,听说教学过程中也要注重文化教学,让学生在学习听说知识的同时,对于文化具有更高的敏感度,这样有助于增强跨文化交际能力。虽然有时教材的编写者由于多方面的原因,如时间、篇幅的影响,不能将目的语文化的全部重要内容展现给学生,但是教师可以在实际的教学过程中着重提到个体差异和文化变体,减少客观因素造成的误会和不足。

在听说活动中,教师可以采取将交际策略、非语言交际技巧等融入其中的方式,用音频、视频等融合方式使学生产生对教学内容的兴趣,塑造一种仿真的交际环境,促进学生跨文化交际能力的提升。此外,教师可以多利用现代信息技术进行听说教学活动,让学生体会真实的跨文化交际场景,促进学生跨文化交际能力的培养,为在外语教学中进行文化教学开辟新的途径,并特别有利于从情感和行为层面上培养学生的跨文化交际能力。

(4)加强写作教学中的文化教学

写作能力在英语学习的各个时期都非常重要。在跨文化外语教学中,应该同时紧抓写作教学和听说教学,二者的同时有效进行有助于学生英语应用能力的提升。写作要求和写作内容的不同取决于写作题材的不同。在跨文化教学中,文化教学与写作教学的有机融合有助于学生跨文化交际水平的提升。

在进行跨文化的写作教学时,行之有效的一种方法是让学生根据某一主题进行写作，首先准备好西方关于这一主题的文章，让学生自发地进行文章的对比；其次是进行思考、与同学交流；最后由教师总结。教师在教学中还应该注重指导学生寻找双方文章中修辞格、论证方式、引用方式等修辞风格的不同，使学生进一步认识到双方语言在文化方面的不同之处。在跨文化写作教学过程中，与背景知识导入相似，教师的讲授要在这一部分占据大量的时间，这是为了提升学生的跨文化意识。教师在跨文化写作教学中贯穿跨文化思维能力的训练，让学生体会中西方文化、思维方式的不同，从而更加深刻地理解跨文化交际实践中形成跨文化思维的重要意义。

（5）运用案例分析加强跨文化交际技能的训练

案例分析在大学跨文化英语教学中有着重要的作用，案例分析指的是分析交际活动中的一些案例，从而基于所学的知识进行交际，掌握跨文化交际的技巧。在跨文化外语教学中，案例分析要遵循以下两个原则：一是案例分析的内容不能与课程关联很少甚至毫不相关，应该使跨文化外语教学形成一定的知识体系，也就是案例的选择要注重针对性、关联性和系统性；二是案例分析的过程是教师先向学生提出问题，学生针对问题进行解决和分析，教师再让学生进行交流并交换意见，最后教师让学生代表作出总结，并提出评价。这些过程缺一不可，说明了案例分析要遵循循序渐进的原则。

案例分析是外语教学中语言文化知识向跨文化交际能力转变的重要手段，在其进行的过程中，教师要以学生为主体，展开分析和讨论，教师只起到引导和辅助的作用，目的是培养学生的跨文化交际能力。

学生在高校英语跨文化学习中的案例分析中可以体会到跨文化交际的模拟场景，这种类似真实跨文化交际的体验为学生在跨文化交际中遇到的问题提供了指导和具体的方法。跨文化交际中的案例可选择的内容丰富，范围广泛，不仅可以选择一些跨文化语境下交际成功的案例，还可以选择一些失败的案例；既可以选择一些高水平的交际活动，又可以选择一些日常的跨文化交际活动。案例分析过程的完成需要学生透彻地对案例中交际双方的语言、观点、思想进行理解和反思，然后站在辩证的角度来表达自身的相关观点。只有具备跨文化交际的相关理论和知识，才能完整地进行案例分析这一教学活动。跨文化教学中的案例分析蕴含的一些文化知识有助于学生在学习语言知识的过程中发现并牢记规律，形成系统的跨文化学科体系。

教师的控场能力是完成跨文化教学中案例分析的关键，在案例分析中，教师所具有的高水平的调控能力可以激发学生学习的自主性、好奇心和学习兴趣。同时，教师既要有充足的知识储备，又要有丰富的操作能力，这样才能向学生准确传达案例中的相关知识，帮助学生把知识转化为能力。

在案例分析的过程中有教师提问、案例阅读、案例分析、分组讨论、得出结论和教师总结几个步骤。教师的提问内容不仅是学生探索的源头，还是学生思考的方向；阅读案例需要学生阅读语言文化知识，并且对阅读技能进行训练；在分析案例的过程中，学生的分析能力和判断能力得到了培养和应用，有利于跨文化意识的形成；分组讨论需要学生进行交流与讨论，可以培养交际的能力；得出结论是在分组讨论的基础上完成的，可以培养学生的归纳能力；教师总结则是教师对于案例分析整个过程的把握，在这个步骤教师要保障知识的正确性，并且要为案例分析作一个完整的总结。

案例分析的过程是一个综合的训练过程，可以对学生的意识和能力进行全面的培养。案例分析在跨文化教学中的应用可以培养学生的跨文化意识、跨文化思维、跨文化知识。另外，学生的分析能力、思辨能力、人际沟通的能力、群体与人际协调技巧、批判性思维能力也得到了提升，从而使学生的跨文化交际的能力得到了提高。

3. 创设课外文化学习环境，培养学生学习的能力

（1）开展课外文学作品阅读活动

广泛阅读外国文学作品是一种十分重要的获取外国文化知识的学习方法。外国文学作品中蕴含着丰富的民族文化内容，优美的语言形式和丰富的文化内容在文学作品中完美结合，是学生学习异国语言与文化的良好的、有效的途径。教师可以向学生推荐优秀外国文学作品阅读书目，学生也可选择网上阅读或借阅阅读的方式。教师可以利用读书报告、文学作品赏析讲座、英美文学知识竞赛、外国文学作品沙龙等形式促进学生的课外阅读活动，检验学生自主学习的成效，以此提高学生的跨文化交际能力。

（2）观看外国影视作品

在第二课堂上，教师可以充分利用网络和多媒体资源，带领学生观看外国影

视作品，这是让学生了解异国文化的重要途径。大部分电影和录像片的内容本身就是一种文化的某个侧面的缩影。这些录像、电影等的内容会展示该国家的历史、地理、风土人情、生活习俗及自然环境等文化信息，学生可以通过视听感官和心理感应去感受和体验异国文化。

（3）通过网络结交外国朋友

拥有良好的英语环境势必会进一步促进学生的英语学习，但现实中学生并没有很多机会与以英语为母语的人直接面对面地交流。令人欣慰的是，现代信息技术的发展从时空上拉近了世界上人与人之间的距离，人们拥有了更多可利用的信息和更多、更方便的交流的机会。学生可以通过网络与外国友人进行沟通与交流，这是一种直接的文化交流。它可以弥补无法面对面与母语为英语的人进行交流的不足。

（4）角色扮演、情境模仿和给外国影视剧配音

角色扮演、情境模仿和给外国影视剧配音，均是将学生置于模拟的实际交际场景中，使学生通过亲身体验和感受来提高跨文化交际能力的很好的方式。其实施过程涉及三个阶段，即情境介绍、学生参与、教师总结。在教学活动过程中，学生是活动进行的主体，教师以引导者身份出现。教师的主要任务在于给学生提供合适的、特定的情境，并引导学生利用学过的跨文化交际知识、跨文化交际技巧来完成情境任务。为了使所选情境具有代表性，尽量接近真实跨文化情境，教师可以邀请留学生、外教共同参与，也可以利用互联网构建虚拟跨文化交际空间。

（5）开设"空中英语大讲堂"

"空中英语大讲堂"是发动教师录制英语文化知识讲座，通过校园调频发射机发射频点，利用早、中、晚课余的时间滚动式播放，学生在校园范围内，通过调频收音机和耳机就可以收听的一种课外英语学习方式。这种学习可以不受时间和空间的限制，学习内容可以无限扩充，且趣味性很强，在一些高校实行后，受到学生欢迎，收效很好。

（6）举办各类英语活动

定期举办有关英语文化或中英文化对比的知识讲座，或者组织英语角、英语演讲比赛、英语辩论赛、英文歌曲演唱赛、英语播音主持比赛、节日文艺演出等活动，既能调动学生的学习热情，激发学生英语学习的积极性，又能使学生及时

地对所学知识查漏补缺，有助于学生更好更快地学习语言。

（7）利用网络资料，提升学生学习能力

多看或多听一些与英语国家有关的文字或音像资料，通过网络下载、检索或浏览相关英语学习资料，随着科技的发展，学生能够通过方便的视听渠道获取英语语言素材。这种方式不仅能提升学生的听说能力，拓展和提高学生的文化知识和文化技能，还能训练学生的语言技能，培养学生利用英语进行思考和表达的能力，还能够弥补英语常规学习的不足，提高学生的跨文化技能，提高英语学习的效果。

总之，"第二课堂"作为课外学习的主体，是对第一课堂的完善和补充，有利于拓宽学生的知识面，调动学生的学习积极性和创造性，实现学生综合素质的全面提高，有助于学生跨文化交际意识与跨文化交际能力的培养。

随着全球化的进一步扩展，在世界走向中国的同时，中国也在走向世界。这就意味着我们的大学英语跨文化教学在教学过程中要把目的语文化与母语文化放到同等重要的位置，注重英汉语言文化、思维方式的异同分析，树立学习者语言文化平等观和跨文化自觉意识，承担起异常复杂而又艰巨的跨文化教学任务。

跨文化英语教学与传统的英语教学在教学理念、教学目标和教学内容上的不同决定了其教学原则和教学策略的不同。要想顺利地进行跨文化教学，教育部门、教师必须处理好三种关系，即本土文化与英语文化的关系、英语功用性与人文性的关系、语言教学与文化教学的关系，以区别于传统的教学原则和教学策略、丰富的文化知识和较强的文化意识和文化能力，在学生认知、情感、行为改变和调整的过程中，调动学生的各种学习潜能和机制，加强课堂内外文化教学，利用多媒体网络技术，注重培养学生自主学习的能力，帮助学生积累知识，转变态度，调整行为，发展技能，提高跨文化交际能力。

参考文献

[1] 张铭. 当代大学英语教学理论与研究 [M]. 北京：九州出版社，2019.

[2] 万红梅. 英语教学方法与实践研究 [M]. 北京：中国纺织出版社，2018.

[3] 康莉. 跨文化视角下的大学英语教学：困境与突破 [M]. 北京：中国社会科学出版社，2014.

[4] 史艳云. 大学英语中的跨文化交际 [M]. 长春：吉林人民出版社，2020.

[5] 王国华. 英语思维与跨文化交际能力研究 [M]. 北京：北京日报出版社，2018.

[6] 许丽云，刘枫，尚利明. 大学英语教学的跨文化交际视角研究与创新发展 [M]. 北京：中国商务出版社有限公司，2020.

[7] 翁雨淋，李瑞超，白爱娃. 大学英语教学法探索与教学实践研究 [M]. 北京：中国纺织出版社，2018.

[8] 方芳. 改革视域下的大学英语教育新探索 [M]. 长春：吉林大学出版社，2019.

[9] 袁薇薇. 文化自信视野下的大学英语教学创新探索 [J]. 英语广场，2021（36）：88-90.

[10] 李莹. 基于文化自信背景下的大学英语教学 [J]. 科技资讯，2021，19（21）：130-132.

[11] 赵凌毅. 文化自信视野下优化高校大学英语教学的实践举措探析 [C]//课程教学与管理研究论文集：第6册. 中国智慧工程研究会智能学习与创新研究工作委员会，2022：484-487.

[12] 曲巍巍. 英语思维与教学研究 [M]. 北京：北京理工大学出版社，2016.

[13] 陈晓艳. 高校英语教学中跨文化交际理论的应用探究：评《跨文化交际与英语思维教学研究》[J]. 中国高校科技，2021（11）：106.

[14] 李智慧. 大学英语教学与英语思维能力的培养 [J]. 辽宁医学院学报（社会科学版），2012，10（4）：87-88，91.

[15] 徐佳. "渗透式"跨文化交际能力培养实证研究：以大学英语课程课堂教学为例 [J]. 海外英语，2021（21）：133-135.

[16] 邱光华. 大学公共英语教学中英美文化的渗透式教学研究 [J]. 英语广场, 2019（12）: 126-127.
[17] 陈桂琴. 大学英语跨文化教学中的问题与对策 [D]. 上海：上海外国语大学, 2014.